# 砂法精義（二）

继大師 著

U0122523

## 《砂法精義二》自序

繼大師

風水學上的「砂法」是非常廣大深博的，古代風水師稱為「地理學家」或「勘輿學家」，風水學上，將「砂」字與「沙」通用，砂的範圍包括龍、水及大地上可以看到的所有山川地形等物。

因為《砂法精義》內容太多，一書不能盡說，故筆者繼大師再撰寫第二冊，先把「砂物、五行星體、山峰」等說其總論，再將其每一個五行「金、木、水、火、土」，逐一解說，分別其屬性，這即是山水之性情，如：

「火形之性急而猛烈。水形之多智及變化。木形之秀氣頑固。金形之熱誠、剛強、生旺。土形之敦厚、穩重、不變等。」

其次是將本人隨恩師　呂克明先生所學到的，及個人經驗，選出重要及精要的部份口訣，加以詳解，有：

「長壽砂法、得財之逆水局，文筆峰斷應口訣、眼疾及墮胎砂之尅應、出邪淫之砂、官貴砂、探頭砂、離鄉砂及出仙人、僧人等修行人之砂。」

風水學是入世增益之法，無非「妻、財、子、祿、壽、名、利……」等，筆者將其最實用之砂法說出，比較上是具有主題性的，其餘還有很多點滴尅應之說，都是很碎碎的，且不易得見。由於此書銜接《砂法精義一》，故取書名曰：

《砂法精義二》

或許，將來筆者會把「穴法、水法、向法」等，適當地寫出，但比較困難一點，就是其中牽涉很多機密性的，蔣大鴻地師常說：「天機不可輕洩。」筆者並不是迷信風水，但確確實實是有無形方面去監察的。

曾經有一次，筆者繼大師想將所學到最機密之水法寫出一書，以作入室之傳，想了半年，忽一夜，夢見一位奇人，約六十多歲，自稱姓鄧，這位夢中的鄧老先生，相貌及身材略肥伴，約五呎六吋高，頭髮略白，右手持拐杖，有工人服侍，住在花園庭台樓閣的豪宅內，與他談論完風水學理之後，約離開十呎的位置，他突然將其頭部伸長，移到筆者處，張開大口對着本人的耳邊大聲地說：

**「你想寫水法一書，你好大膽子，你所做的一切，因果自負！因果自負！」**

嚇得在夢中驚醒，以後不敢再想寫水法一書的事了，只作隨緣傳授罷。

鬼神之說，信者有，不信者無，不論信與否，這都是筆者遇到之事實，心有餘悸，難怪歷代真得口訣之風水明師，並不將真訣筆之於書，只作個別傳授，故楊筠松地師是：**「已得真道。披褐懷玉。抱道無言。」**走到江右之三僚村去傳授風水口訣。願讀到此書的人，能夠明白風水學上的「砂法」。

筆者一再聲明：若有人得明師教授風水，又修習此書而給人看風水，或將此書作為風水教科書去教授風水，若能給人賜福，又守於正道，具有功德，則福德自享。

相反，若不得明師傳授，單看此書而給人看風水，令人得到災害，或騙人財色，又胡亂猜測去教授風水，則業果自負，因果自負，與筆者繼大師無關，謹此為序。

寫一偈曰：

風水秘法
天機不惑
妄傳輕洩
鬼神監察

繼大師寫於香港明性洞天
二〇〇七丁亥年孟夏吉日
二〇一八戊戌年仲夏重修

## （一）五星山形總論

繼大師

在穴場四週，不論可見或不見之山峰，均能影響穴之吉凶，尤以可見之山巒為甚，山峰之頂，各有其形，可分五種，以配五行之氣，即是：

火形 ——— 頂尖削，腳深長，稱為「廉貞」，以作祖山或朝山最適合，在天文上稱「熒惑」。（熒音營，解作微弱的光亮。）

木形 ——— 頂圓，身直而聳，山峰多獨立而現，至腳處始闊開，此為之「聳身」，峰大者稱為「貪狼」，峰小者稱為「紫氣」，在天文上稱為「歲星」。

水形 ——— 數峰相連成波浪形，山橫放而高度相若，山峰不明顯而橫連，至兩邊盡處，山脈始滑落，遠看是一座橫放之大山脈，風水上之術語名「大幛」或「大帳」，如香港大埔八仙嶺山脈，稱之為「文曲水星」，多為行龍所經之山脈，或作穴之朝山，水形星在天文上稱為「辰星」。

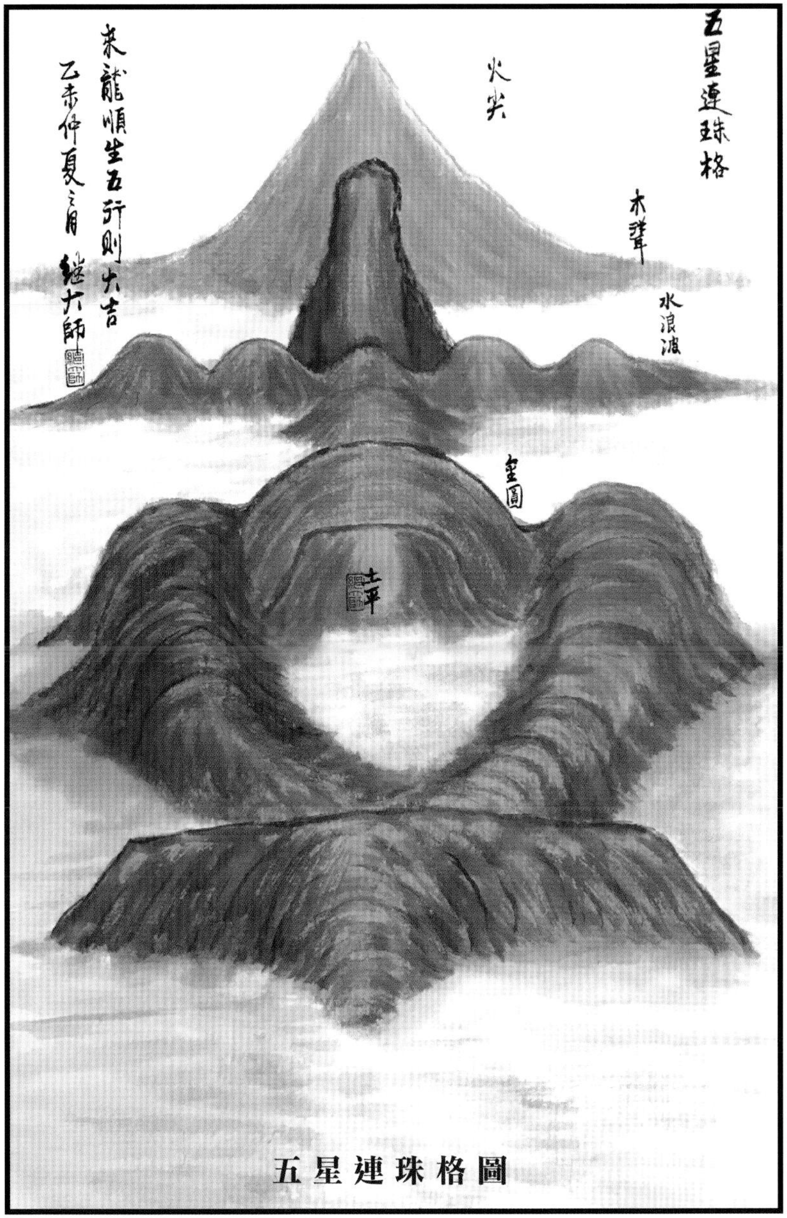


五星連珠格圖

金形 —— 山峰獨立而明顯，頂圓，腳兩邊闊出，向外伸延，山峰若突出而圓，稱為「太陽金」，山峰若微拱，其弧度大而闊，稱為「太陰金」，風水上之金形山稱為「武曲星」，若是石山而圓頂，稱為「破軍」，腳若有尖脈拖出而帶石，謂之「天罡」；金形星在天文上稱「太白金星」，亦可作為行龍中的祖山，山峰一邊大而圓，一邊略平，稱為「左輔星」。

土形 —— 山峰平頂而闊，兩邊可圓角或方角，然後弧直而下，山峰平頂而不甚有規則，高低非一致，而山中有脈露出而下，稱為「祿存星」，一般平頂之山稱「巨門」，若峰頂平略圓而高，另一半平而略低，稱為「右弼星」。在天文上稱為「鎮星」。右弼星有時是金，或是土金，或是金金，雙金成水，故右弼星又屬水。

以上五星，以火尖、木直、水波、金圓、土平而定形，再生出九星，即是：

**「一貪狼木，二巨門土，三祿存土，四文曲水，五廉貞火，六武曲金，七破軍金，八左輔金，九右弼水。」**

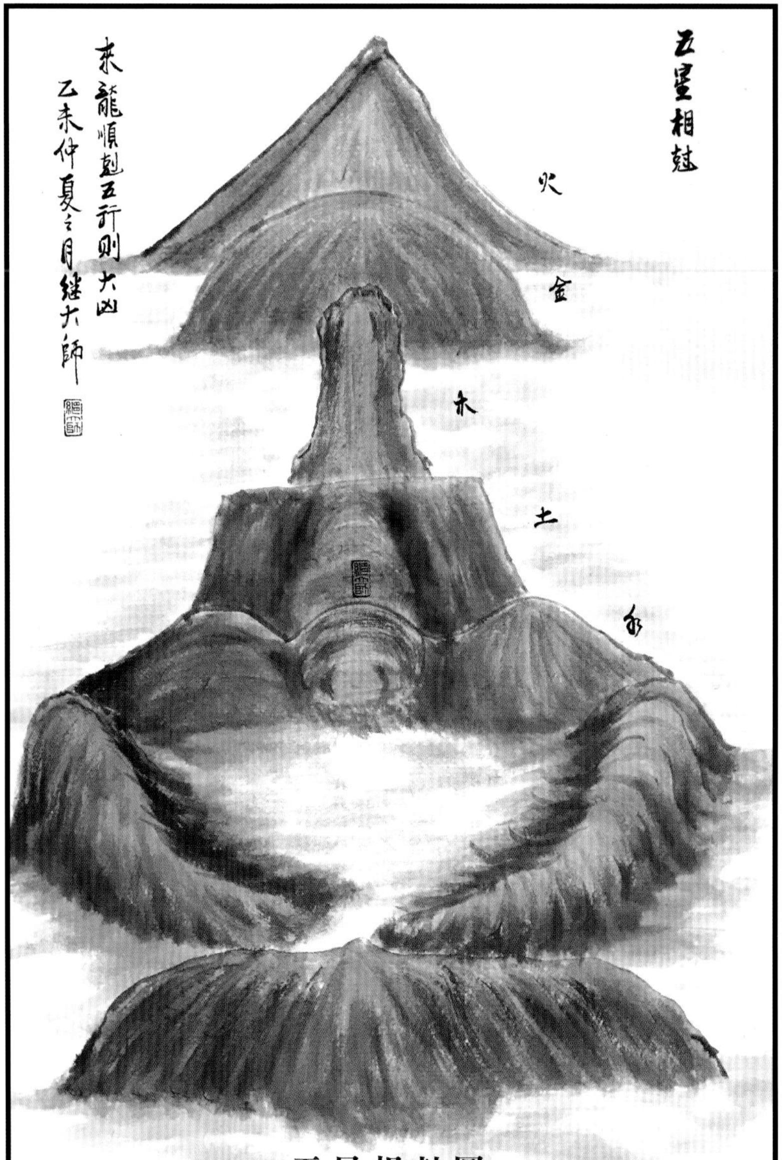


五星相尅圖

這是山峰巒頭形勢而論，以五行作五星為根本，而生出九星，再以五行各星之混合體，再演變出千萬種山形，而山峰只論有情無情為主，有情則吉，無情則凶，論形則屬次要。

五星之中，有作來龍之山峰、穴之左右山峰、穴前方之山峰等，以北方配以水形星，南方配以火形星，東方配以木形星，西方配以金形星，中間則是土形星，為結穴之父母星，穴坐北向南，此等穴稱為「五星歸垣」格，依五行而得配五方之氣，富貴無敵，為大地也，此格最貴，萬不逢一。

五星歸垣格圖

若來龍氣脈山峰中，有出現金、木、水、火、土之五行星峰，若依五行相生而順排，或作逆排，是謂「五星聚溝」，亦是最貴格局之一，但切不可相尅而來或去，如木尅土，土尅水，水尅火，火尅金，金又尅木，不論由遠方來龍至穴星處，或由穴星反尅至來龍之祖山處，皆是大凶之象，出賊頭或判軍者，最終便遭他殺而亡。

五星之山峰，或於同一處範圍之地方而全部出現，無論順時針或逆時針方向，五行只要是順生則吉，逆尅則凶。

以上之五星山峰，是屬於立體山形，亦有「眠體式」，即在高空向下方望，有山丘、水池或平地，均可能出現五行之形，以圓形為金，以三角形為火，以正方形為土，以長方形為木，以菱形為水，又以金、土形、水形為吉，火形為凶，木形是凶多於吉，木形闊而橫長那邊向穴或陽居，而收得吉祥向度則平安，若木形水正沖穴場則大凶。又太長之木形地或屋形則凶，以二比一之木形為吉，陽居地形亦以此為標準。

在穴法之中，亦有五行定穴法，其口訣是：乘金、相水、印木、穴土、地火。

在晉、郭璞著《葬書》有云：**「葬者原其起。乘其止。乘金相水。穴土印木。……」**（參看**《新編秘傳堪輿類纂人天共寶》〈卷之三〉**，士林出版社，第二三二頁。）

乘金——穴以後靠之山丘為穴星，其頂以圓形為吉，圓屬金，故曰乘金。

相水——穴之左右低處有凹位，沿著穴之左右山脈內側下，而由穴之正左右方連至穴前龍虎山脈端而相交，下雨時，水流沿著凹位之坑界而出，匯合於穴前龍虎相交處，二水為八字水、合襟水，又稱為「金魚水」，**《千金賦》**云：**「金魚不合。枉教九曲來朝。」**正是此二水，故曰「相水」。

印木——穴前之內明堂小平地之左右方，各有一脈從穴後繞過穴場而至內明堂前端而內抱穴之堂局，這穴之左右護脈，稱為「印木」。

穴土——穴為中心點，砂脈、水流、來脈及前朝案山等，均以穴為中心，故稱穴土。

地火——穴乃地氣集中之地，土有暖氣；暖氣藏在穴中之土地內，故稱地火，乃地脈之靈氣。

五星中，有出現於來龍氣脈之山峰中，亦可出現在穴場中四周附近穴中可見或不可見之處，亦可出現於水流之形態上，故龍法、砂法、水法及以上之五星穴法，均有五星之說，唯獨向法有異，有一些向法，以六十四卦中之父、官、財、子、兄等爻為立向理論，原理以卦中所屬之五行為我，以納甲法，以每卦有六個地支所屬，得出之

金木形合體星

太陰金形星

五行，與卦所屬之五行，以同我者為兄，生我者為父，我生者為子，我剋者為財，剋我者為官，以這為立向原則。

但這一套理論，原屬文王占卜卦理學說，後被後人誤用，而立向中，以三元學派所說之「剋入生出」來定陰陽，以山水為陰陽，以零正為陰陽，故風水一學，正屬陰陽五行之學。在立向中，又有九星立向法，以卦之所屬五行九星而為立向理論，而三合家又以天、地、人三盤法去立向，收山出煞，種種形式，多不勝數。

姑勿論如何，風水中之五種要素 —— 龍、穴、砂、水、向，五大法中均有五星五行五方之說，而這五大要素，是風水學理中不可缺少的東西，沒有五大要素，風水便不成事了。

寫一偈曰：

金木水火土　風水五要素
缺一不成事　得者是雄豪

《本篇完》

## （二）金形星

繼大師

凡山之形，圓頂曰金，圓金形之山，是在五行中最為有情，圓而聳突者，名太陽金，主旺人丁，屬陽，圓頂山形而闊出者曰太陰金，主出女貴，如蛾眉砂，此砂多作穴之朝山，而太陽金山形，多作穴之靠山，或是行龍中之祖山。

在真龍行進中，有高山山頂圓金，腰間帶石，高竿而立，名曰武曲星，此等金形山，多為行龍中之祖山，因高聳而形狀威武，故多出武官，如「將軍按劍、寶劍出匣、將軍大座」等穴，是有情而威猛之武曲金形山。

在穴法中，火形山不結穴，因火尖帶煞，而金形之山，是各五行中之調和山形之星，作用如中藥中之甘草，如兩金或以上之金形山相連，便成水星，若木形頂是帶圓帶尖，名曰「紫氣」，是文章秀洩之山，土與金合則是平頂山形而兩傍圓角，多為倉庫之山，如作穴星，則為「土角流金」之形，如香港元朗玉女拜堂穴之父母星是也；若山丘是平頂，兩傍略凸而圓，名「天財星」，如果作穴星，可結「凹腦天財穴」，或是「雙金扛（降）水穴」。

金形星之父母星，切忌腳下拖出尖火之咀，因火來尅金，定損人丁，故若然有穴結，其火咀之尖角，定要削去，如「金鐘剪火穴」。圓金形之山斤，形若太圓，而沒有變化，只可作朝案之山，若是作穴之父母星，圓金要有凸脈在中間拖出，兩傍有微凹之界水抱穴，此為「開窩」，若不開窩，是為

「頑金」，不化之金形山丘，若葬下祖先骨殖，發後便生凶險，故楊公云：**「金星不開窩。一發便孤寡。」**發後是有後遺症的，故小心取用，若然金星山丘有微微開窩，界水不夠深，可用人工開鑿，名曰「開金取水」，金能生水而可用。

金形穴星，切忌歪斜不正，或橫斜不端正，皆不宜使用，又金星山丘，切忌壅腫、破碎、嶙峋、尖斜、走竄等形狀，在**《地理人子須知》〈龍法〉**（第一三五頁）有云：

**「論五星體性 —— 金之體圓而不尖。金之性靜而不動。山勢定靜光圓則吉。流動不正則凶。山面圓肥平正則吉。欹斜壅腫則凶。山頂平圓肥則吉。破碎巉岩則凶。山腳圓齊肥潤則吉。尖斜走竄則凶。」**

在高山龍法上，金形峰要高聳端正，在平崗龍法上，圓金形山丘要圓如走珠，如竹笠等，兩傍均等，在平地地形中之平陽龍法上，屬於「眠式」，如特圓，有弦有稜，線條順暢，若是平洋水龍，水流如月如日等，總之要端正之圓形方為妙。

金形之山作「特朝」時（專為真龍結穴作正朝之山峰），若出現在兩山相交之外處，像太陽出來，穴要正朝它，始是特朝之山，如「飛鳳朝陽穴」、「日出扶桑穴」，日出是穴之精華所在，又金形山峰在雲山大幛之外作特朝之山，名曰「日華雲爛」金端而水疊，主出名世大賢人。

金形星

行龍高聳之金星山峰
行龍中有矮山
環繞高聳之
金形星峰
當出一安邦
定國之人
戊戌秋月
繼大師
行龍高聳之金星山峰

在行龍之中，出現高聳金形之大山峰，高者里許，或高數里，端正而獨自出現，附近之矮山環繞它，此高出之金形山峰，拔地而起，最為難得，若龍有結穴，此高聳之金形山峰作少祖山，值當元之龍運行至此山峰之時，定出一位安邦定國之人，非比尋常之人物，但必須是真龍真結之穴始可。

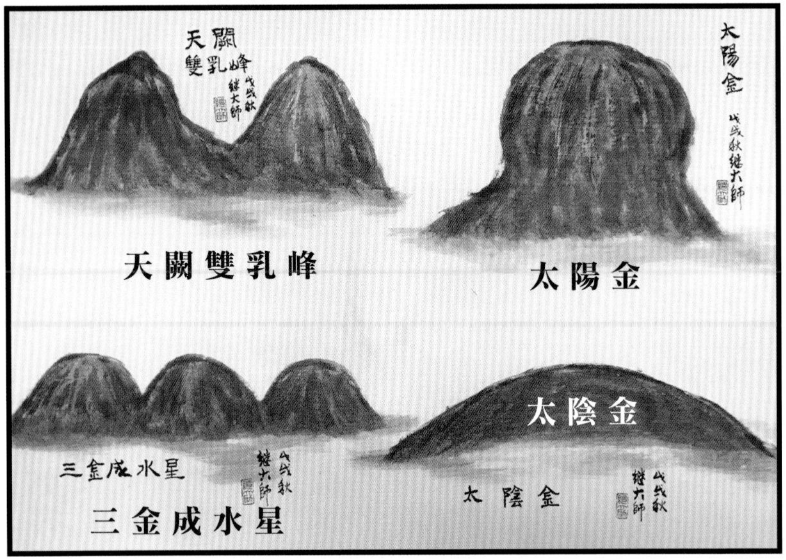


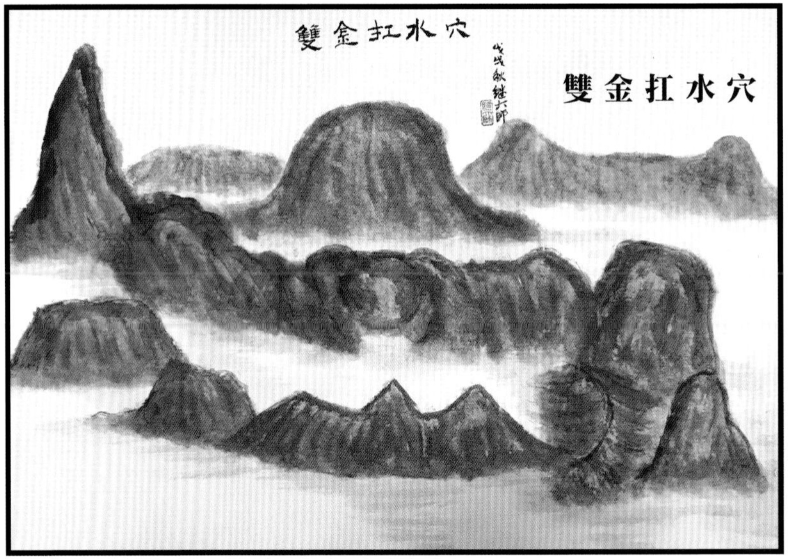


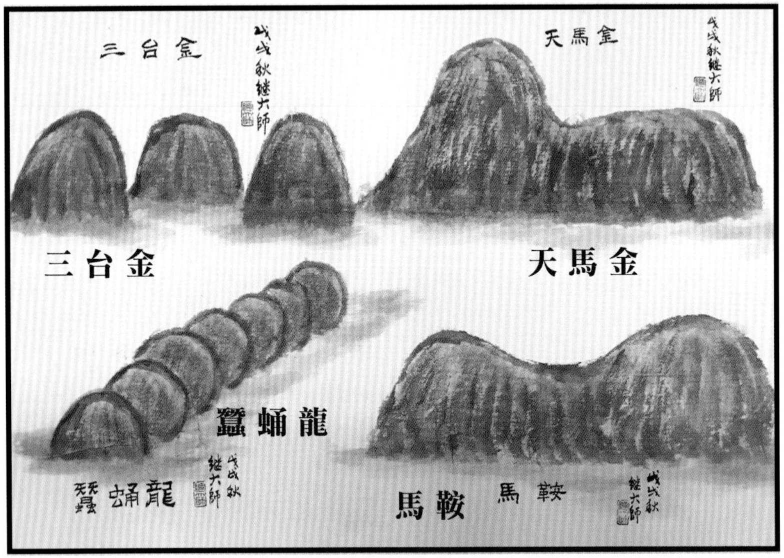


金形山若一頭高出，一頭略平低而圓，形曰「天馬山」，其馬肚要飽滿，馬頭要朝穴，無論正朝、橫朝或側朝，是為穴所受用，主出帶兵之人，若馬頭背向穴場，馬走則為退馬，主散財。

金形相連之山丘，有馬鞍之山形，或凹或凸不等，若凹形朝穴，多主後人遠地工作，為驛馬之山；金形山丘若橫列，是為「三台金」，主大貴，若三金形山峰相連而作穴之靠山，是為「華蓋三台」，主出人長壽，或有權貴之應。

又有一種龍，金星山丘串連而行，是

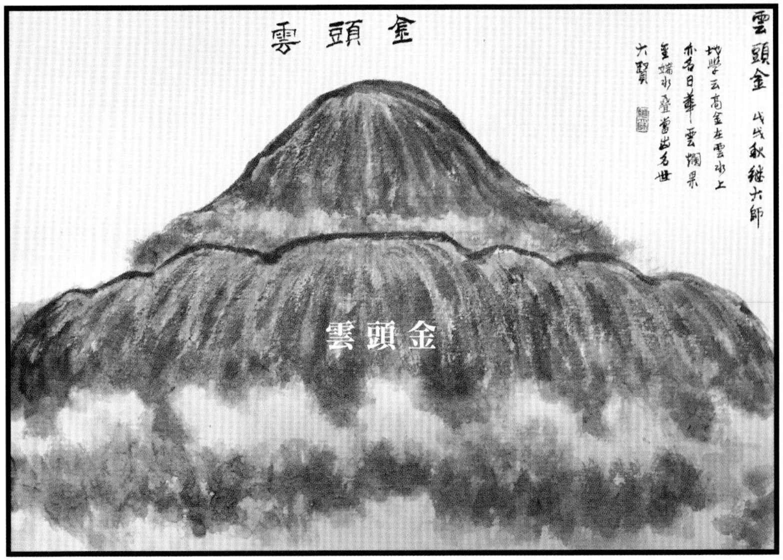


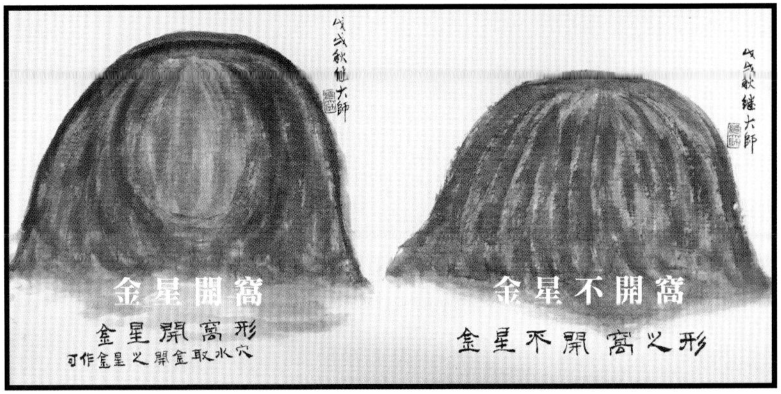


沒有肢爪之龍，名**「蠶蛹龍」**。曰：**「連金龍蛹是為蠶蛹。蛹無識知。故曰擬龍。常有庸濁之人。若前後有化氣。又當別論。」**此段是**《地學》〈卷一〉**所說之語。

又有一種行龍，亦是金星山丘並連而行，若出脈之金形山丘細小，而行龍至父母星之金星丘大，這來龍星丘由小而大，金形丘圓故無肢爪手腳，亦是孤獨龍之一種，主出僧道，或作神廟之地。

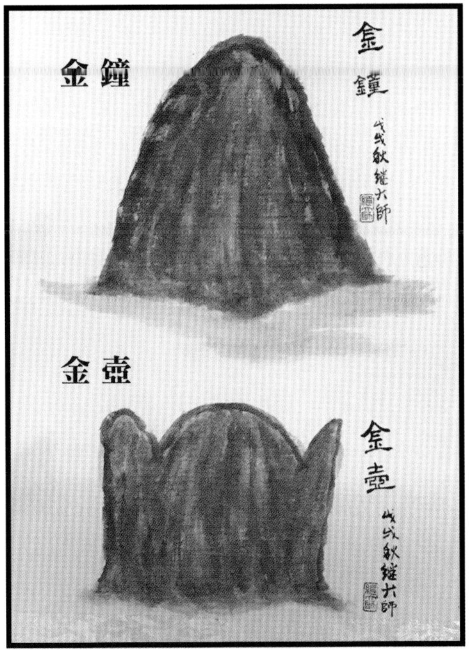


金形之山丘，若與其他山丘相連，可成獅

虎之形，圓丘多為其頭，若有結穴，多在腹部；若金形之山丘，其腳下拖出尖形之脈，其兩傍是闊圓之肩，腳尖曰腳破，廖公謂之「天罡」，屬於凶星，金星硬肩，即謂之「罡圭暴惡」，亦不吉。

金形之砂，有「金鐘、玉釜、塌地金、銅鑼、餈餅、半月、蛾眉月、馬蹄金、錠金、金錢、土圭、泉刀、附子、鳥頭、鳥啄、側子、木鼈子、天雄……」等形（可參看《地學》第六十八至六十九頁），亦有：「金刀、金劍、金環、金璧、金盞、金台、金爐、金壺、金瓶、金罇等……」

總之，金形之砂物，應有盡有，當以有情者為吉，無情為凶，故《千金賦》云：**「砂不論形而論情。」**

金形端正者為有情，而穴之父母星辰山丘，以金形為最吉，是旺丁之砂，穴星之中

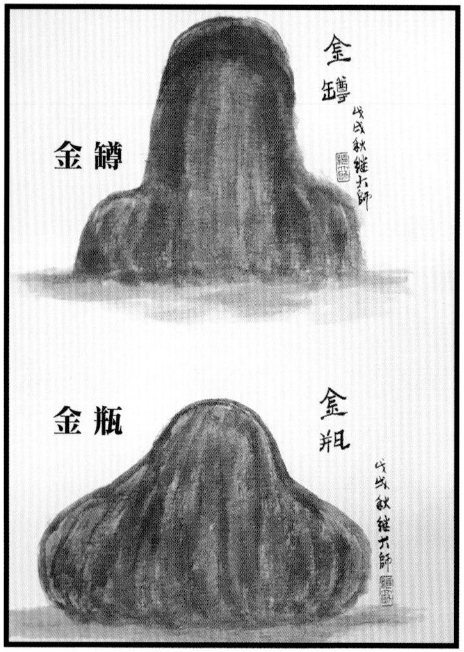

，以金形星為最吉者，以火形星為最煞，不作結穴之星丘，尖火形為凶砂，只作朝山或祖山等砂，金形氣純，作朝案或父母山丘皆可，而金形丘最忌與尖火形之山相連，或拖出火咀，因火剋金。在水法之中，以金、土、水為吉，以木、火為凶，與山形之體吉凶同理，金形旺人丁，火煞傷人丁，兩者相反。

寫一偈曰：

金形旺丁　火尅無情
各有五行　悟者自明

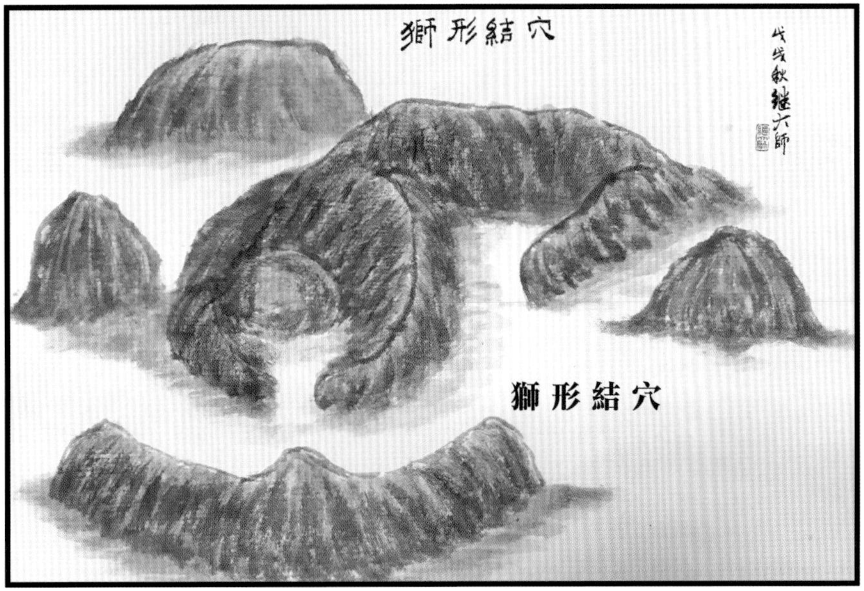

《本篇完》

繼大師

## （三）木形星——紫氣貪狼

山峰之形狀，以金、木、水、火、土五行之形為主，再分出九星之名，而木形星主秀氣，多是應生文人雅士之類，如浙江省桐廬與蕭山市之間的富春江，中有一高聳之「一柱擎天」木形山峰，非常獨特，一支秀筆倒插於江邊，正是「文筆峰」。

木形山峰，大者稱「貪狼」，小者稱「紫氣」，貪狼多是在行龍中出現，或為穴之朝山，如元朗丫髻山「玉女拜堂穴」之極遠朝山為觀音山－木形星。木形星是聳身頭頂帶圓，身直，在平地上突然冒起，亦有頭頂略帶圓，或略尖，此為之「尖筍」。

貪狼木星以「尖、圓、平、直、小」為吉，而從四面望去，其形皆一樣，星體亦不傾斜，山峰垂直兀立，其頂尖者，像筆頭向天，山峰頂亦可略平，邊角帶圓，亦有中間頂部略平，旁邊圓角落下，峰身要垂直，峰頂比例與峰之大小相若，此是貪狼木形星之五種吉形。

木形星不宜欹斜、傾側、邊正邊斜，或邊大邊小，峰不可破裂，或峰頂之中間處，有一突出之削石直下，像利劍劍鋒一樣，至山之腰部或至胸部，此為之「破面」。木形山亦不可有可見之巖洞，尤以破面為甚，破者即破軍星，九星中之七赤破軍星，指的是其山峰地質全是石質，若是破碎、巖巉、臃腫、崩裂皆凶。

若有碎石藏於木形山峰中的洞窟，被草木大樹所遮蓋，而木形山峰又為穴之朝山，這亦算是吉祥。若它是穴之來龍星峰，有碎石被草木遮蓋，這樣，其龍脈落下時，必須出現有頓斷起伏之落脈，宜生出幼嫩山丘為穴之父母山，這就是龍脈的變化剝換，脫煞得清，穴始能使用，若來龍山峰有破洞或斷裂，這是一種缺陷。

木形星

又有一種山峰，形像木形而聳身，但尖頂而山腳闊長，此為之「尖貪」，即尖頂之貪狼星，山腳下的平地，拖出一支橫落的長脈，此為之「尖貪帶劍」，主出官貴之人，文武功名皆得。

筆者繼大師曾在惠州博羅羅浮山山腳的一處地方，看見此等山形，整個大山頂部均是一塊光滑的大石，且峰頂部份亦大，正面看去，就像一個古代穿鐵甲，頭戴鋼盔，身穿戰袍，手按一枝長劍極具威武的大將軍一樣，無獨有偶，山腳剛剛建有一平房軍營宿舍，據在當地之司機說，此軍人之將領是從北方調來此地駐守，他曾經見過前後三人均曾在此地駐守後，便調升到他處為更高級的將領職位。

同屬此軍營的辦公室建築物，亦是以此尖貪為靠山，據說是某大將軍所選址的，軍營中之軍人，凶猛無比，與越南開戰時，均為主力軍隊，戰無不勝，功名顯赫。楊公著**《廖注撼龍經》**（武陵版第三十四頁）有云：

**「貪狼頓起笋**（笋 — 筍之異字）**生峰。若是斜枝便不同。斜枝側頂為破面。尖而有腳號成龍。腳下橫拖為帶劍。文武功名從此辨。」**

木形星

這羅浮山腳下將軍山，就是：**「橫拖帶劍。文武功名。」**之寫照。

木形星出現於行龍中，作諸祖山龍脈星峰之一，最好其後方再有高聳之火形山峰出現，是為木火相生，行龍若有結穴，穴必大貴。如楊公在**《撼龍經》**所說：

**「世人只道貪狼好。不識廉貞**（火形星）**是祖宗。貪狼若非廉作祖。為官也不到三公。」**

木形星峰生起而作祖山，龍脈若往前去，亦出現木形星，而三個或以上之木形星峰連着而一級級地落下，順着行龍之勢而去，此則稱為「天梯」，龍若有結穴，出人大貴，如古代出狀元之祖地，若穴前有三重筆架形之案山，或前方朝山是平土形，有木火形的文筆峰在平土峰頂正中的後方高聳透出，且眾峰拱之，是真正的狀元地也。

木形星若出現於出水口方，或立於水中央，或在兩岸對峙，或順着水流之方作「眠式」地卧着水中，露出水面，此則為「木形華表星」，以在兩岸同時出現者為真，此等星，多出現在大龍大結之穴地上。

木形星若倒卧於平地上，作為穴之前案，此稱之為「一字文星案」，穴亦出文士。

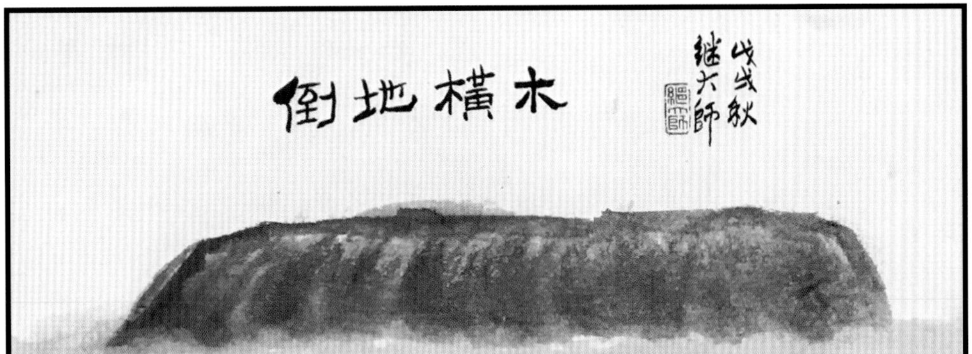

倒地橫木（可以作一字文星案）

行龍中之祖山，若位於很高之地勢上，出現有平頂之土形大山峰，其正中頂上，又出現有木形星峰，或於高山頂上再出現有木形山峰，下一級為土形山，或木形峰下有兩個或以上之土形山峰在左右依傍，所有的山峰均在同一大山群中出現，彼此相連，此種行龍之祖峰，稱為「龍樓」，或為「叢木」，或為「喬岳木」，皆為大地之祖山。

木形星形態萬千，同一木形聳身圓頂形山峰，像美女、仙人、神童、金童、玉女、胡僧、漁翁、飛禽（如山雞、鶴鳥）……等皆有，形狀千變萬化，但總以有情為主，以朝穴為吉。

有一些木形山脈，它不是聳立的，也非眠式卧地，而是在一片山峰相連之大山大幛中，有山脈條條而下，脈如鼠尾，此是龍脈由山腳上山頂去，翻過大幛外，多為水去方，此是「上嶺龍」。

若大山大幛中，有山脈條條而下，像擺動着的鶴頸，此則是龍脈由山頂而落下，是「下嶺龍」之龍脈，其原則是山腳之脈尖是上嶺龍，山腳之脈圓頓是下嶺龍。這種地形分出上嶺及下嶺，只能在高山平地上出現而論之，即是昂平之地勢，四週出現更高聳的大山大嶺，是為高山平地上之羅城。

若是在「上嶺龍脈」中結地，穴必收逆水局，後方靠山之外，便是去脈方。若是在「下嶺龍脈」中有結地，穴必是順水，脈氣走離穴方，遠方朝山是去脈之方，約可發一代至兩代，龍運並不長久，若局是去水不回頭，穴不能下。

木形星

楊公在**《撼龍經》**中說：（武陵版廖注撼龍經第三十七頁）

**「帶舞下來如鼠尾。此是貪狼上嶺蛇。帶舞下來伸鶴頸。此是貪狼下嶺蛇。上嶺解生來紫容。下嶺須為朽腐家。」**

（繼大師註：此段之上文是說在高山頂上之平地形勢，與平地近水平線之地勢不同，故不可同論。）

「上嶺」或「下嶺」龍脈，必須要看整體大局而定，何方是山區方，及何方是大海方，龍脈多必由山區方行去大海方，綜合各種形勢，始能定出「來龍、去脈」。

木形星峰若個個大小相若，出現在平地上，如桂林之地形，這算是行龍中所出現之木形山，稱為「行木」，又有「走馬、拋梭」等形，此指其出現之位置不同而作出這些形容詞，此等木形小丘之出現，多是穴之朝山，或龍行中所經過之地，本身並無結穴，此木形星是「紫氣」之一種。

「紫氣」是指小型木形星結穴之穴星而言，若是陽居建地，此等木形山丘，可作陽居之後靠山，屋門若能收得逆水，衣食定無憂。元朗錦上路有凌雲寺，正靠大帽山下之觀音山木形山峰，是木形星之「紫氣」陽居結地，可惜是順局，缺乏下關砂。

在沙頭角山雞窟地方，有一穴名「山雞出洞」，正是木形星「紫氣」穴星結地，可惜前朝有尖火形山峰出現，近前案山是圓金形頂，為太陰金星，兩峰在穴上同見，為火剋金格局，主二房頭部有問題。

又有一種木形星，它是橫臥於平地上，可作穴之案山，若本身中間拖出一節，橫出而落脈，必須有唇托，左右又生出微微兩砂作穴之龍虎，此為木形星山丘的橫龍結穴，名「笸節穴」，但穴不能點在眠式木形山之頂部，因為頂部必平坦，稱為「仰瓦」，穴不能接收橫出之脈氣，這必須穴頂要在眠式木形山之下方，橫脈成穴之父母星丘，橫脈正正之後方，必須有山峰出現，此稱為「後照星」，穴始真也。

橫龍要有後靠之「樂山」（樂 Ngau），又具有「鬼尾」（穴星後方撐星之直脈也。），加上笸節穴前有小平地作唇托，穴前又有朝案之山，此為之真正的「笸節穴」，結穴有「橫琴穴」。

木形星峰若為穴之父母山（這指豎立之木形星），必須要細小為妙，此為「紫氣」穴星，星不能太大，不可硬直無情，不可太高而聳直，落脈至穴位時，要有變化，木形星落脈之同時，左右要開出龍虎二脈作護砂，若落脈由旁邊落下，脈必須迴轉，能使穴星作為穴之正靠，若無內侍龍虎砂，這必須左右不遠處有兩山相夾，用外龍虎証穴，穴始真，若缺一，則多是虛花假穴。「紫氣穴星」所結之穴有「山雞出洞」。

不論穴星、朝案、行龍、砂物等，均可以有木形星出現，必須熟習「龍、穴、砂、水」之法，始能確認木形星之功能。

寫一偈曰：

紫氣貪狼　脈落勿蕩
龍穴砂水　穴的氣藏

《本篇完》

# （四）水形星——穴脈法

繼大師

「水形星」是五行各星中最波動之星，半圓屬金，若兩個或以上之半圓金形星峰並連，為波浪形，即屬水形星，因山峰橫闊，所以多以群山大幛形勢出現，如香港大埔之八仙嶺，八峰並連而成一座大山嶺，各山峰略尖，故帶火焰，水火均包含，正是智慧與動力之結合。

橫龍水星結穴圖

若水星為橫放之山嶺，此稱為「水星大幛」，正面看去，水形峰作祖山，有很多支脈沿各頂峰落下，在落脈中，取其特異之脈，再看其脈落到接近山腳時，是否再出現山丘，此為脈氣轉化之象，再看山丘下是否開面，左右微微分出界水，包拱脈氣，定有穴可結，此為水星落脈之第一種。

第二種形態，是山峰群所落下之脈，到平地上均沒有出現有變化的山丘，這時要看水形星大幛前方平地上，是否出現山丘正靠水形大幛中間，再看山丘是否開面，山丘前方是否有朝案之山，若有，多有結地。

以上兩種水星龍穴之法，是以立體山形為主，若是倒在地上之脈，即「眠式」，平脈要擺動成波浪形才可以，在平地略凸出之脈，不易被找出，必須得明師口訣真傳，方能知曉。此眠體水形星結穴，有「風吹羅帶穴」，來龍地勢是水形星，屬於砂法之一，而點穴是穴法，故「龍法、穴法及砂法」三種法是互通的，熟習久久，自能明白。

水形星可作行龍之祖山，又稱為「雲水大幛」，若水形星作穴之朝山，一片片之山頭重疊，穴上看去像白雲，此為「祥雲及彩雲」，結穴有「浮雲拱日」，這「日」正是朝山中正正朝穴之圓金形特朝，其他水形或金水形山群中，若出現像太陽之山形星峰，穴之正朝，均以「日」形山為中心，金水形山為輔，以作祥雲，兩山凹位中之半圓形山峰為「日出」之喻。

又有一種穴，前朝沒有雲水大幛，來龍像飛鳥形，穴結鳥頭頂上，穴位正朝山坳凹位中的太陽金，名「飛鳳朝陽」，若結穴之來龍不是飛禽形，但穴位朝東方，名「日出扶桑」，「扶桑」者，東方神仙之境，即「蓬萊」也。

漲天水（一）

水形山亦可為穴之父母穴星，兩個以上的圓金形山丘並連形成水形星丘，一般父母山多是小丘，而以橫龍結穴者居多，水形星所拖出之穴，來脈可分以下兩種，筆者繼大師解釋如下：

（一）三個金形星並排而成水形星體——龍脈若由北至南而來，生出三個金形星丘而並排相連，而三個山丘向南方拖出落脈，中間一支脈氣，得左右兩傍之落脈守護，若有結穴，則以中間得脈氣那支脈為真，後靠正中一金形丘，而左右之金形丘並連而成水星丘，亦可稱為「三腦芙蓉」或「三台華蓋」。

三金成水形主星，以中間落脈為得氣，落脈到較低的位置，穴始為真，穴要正靠水形星中間之金星丘，亦要視乎水形丘之闊度而定，有者星丘之波動起伏很小，有些水星星丘起伏很大，無論起伏大或小，穴一定要正靠星丘頂為吉。

（二）兩個金形星並排而成水星穴丘——這種水形星作父母穴星，其重點是穴由兩金形中間之平貞拖出一脈而下，遠處後方有山峰作樂靠，是橫龍結穴，穴之位置不高不低，穴頂不高過金形星丘間之平頂，風沒有吹頭，後方遠處有「後照山峰」，左右兩金形星丘落脈，作為穴之左右龍虎侍砂，穴前有一小平托兜收脈氣，穴前有橫案之山，此種穴形，稱為「雙金扛水」或「凹腦天財」穴。

無論兩金或三金相連成水形星山丘或山峰作穴之父母星，其最低之波動點，必須要高過穴位之頂部，不能被水形星波動的凹位正沖穴之後腦，加上穴後出現「後照星」，方為合格。

穴法之中，金水形之中間凹位最重要是有拖出之凸脈，若是凹窩之形，是不會結穴的，這是水形星結穴之秘密，更防穴位點於過高而致「仰瓦」，即穴地仰天躺下，沒有後靠之凸脈，這皆屬於凶相。

水形星主智慧，出人多聰明及機巧，但若失運之時，亦會出邪淫之人，水形星若作朝山，其高度標準是：**「高要齊眉，低要齊心」**。不可低於心胸，否則生氣不能凝聚。高度不要到眼之部位，若到眼之高度，是謂：**「拭淚砂」**，主出人悲愁，高要齊眉，則朝案之山，始可關欄內堂生氣。

水形星之外相要有情，線條生動屈曲清澈者曰「秀星」，主出人聰明智慧。若水形星之山形臃腫，線條呆滯者曰「柔星」，主出人懦弱而沒有主見及頑愚等。水形星若形態歪斜，姿態不正而擺動者曰「蕩星」，主出人淫慾奸邪。山形要端正有情則吉，無情者則凶。

在《地理人子須知》《卷三上》《龍法》（乾坤出版社第一三〇頁）有云：

**「水星。清者曰秀星。主聰明文章。智巧明潔度量及女貴。濁者曰柔星。主昏頑委靡。懦弱不振。疾苦不壽及諂諛**（巴結的意思）**阿邪。凶者曰蕩星。主淫慾邪蕩奸詐。貧窮長病。夭折客亡。流移水溺。」**

水星在五行之方位中，主北方，易經中有「一六共宗」之說，是「天生一水」於北方，色是黑色，又號「天玄」，道家諸神中，有北帝名諱，曰「玄天上帝」，腳踏龜蛇二將，龜者即「玄武神」，結穴有「真武踏龜蛇」。

**《地理人子須知》**又云：

**「高山之水。山泡曲灩。勢如展帳。橫闊擺列。水之吉者也。平崗之水。平腳平鋪。勢如行雲。透迤**（音——委移，即曲折連綿。）**曲折。水之吉者也。平地之水。展席鋪氈。波浪暈界。有低有昂。水之吉者也。」**

此段不是指山巒之水形山星，而是指水流之擺動而成眠體式之水形星，屈曲擺動是有情，水直無情，而山崗龍穴，可收面前堂局之水形星，若水流由左向右屈曲擺動，或由右向左擺動，只要橫闊而屈曲擺動，穴亦可收得順弓水形，若水形星在遠處屈曲擺動而來朝穴，其擺動之範圍，在穴上看去是「不出卦」，這是一等一之九曲水來朝，收得「九曲水」，皆主大富大貴。

此「高山、平崗、平地」之水形星，並不是屬於「方位水法」的理氣範圍，而是穴中可見的水流形勢，故以「巒頭、理氣」兩者兼看。

水流與山龍是互相依止的，有時惡龍纏吉水，有時貴龍纏惡水，正是龍穴中藏有瑕疵的地方，為什麼會有這樣的情況呢？筆者繼大師解釋如下：

（一）惡龍纏吉水 —— 龍身在過峽的地方有尖石向天，像利刺及利劍，是為「雄龍帶煞」，或龍身大部份是石質較重之地勢，化氣未清，故稱為惡龍，但若左右有流水「之玄屈曲」而纏繞，流到惡龍所結之穴位前方，仍是順弓環抱穴場，這便是

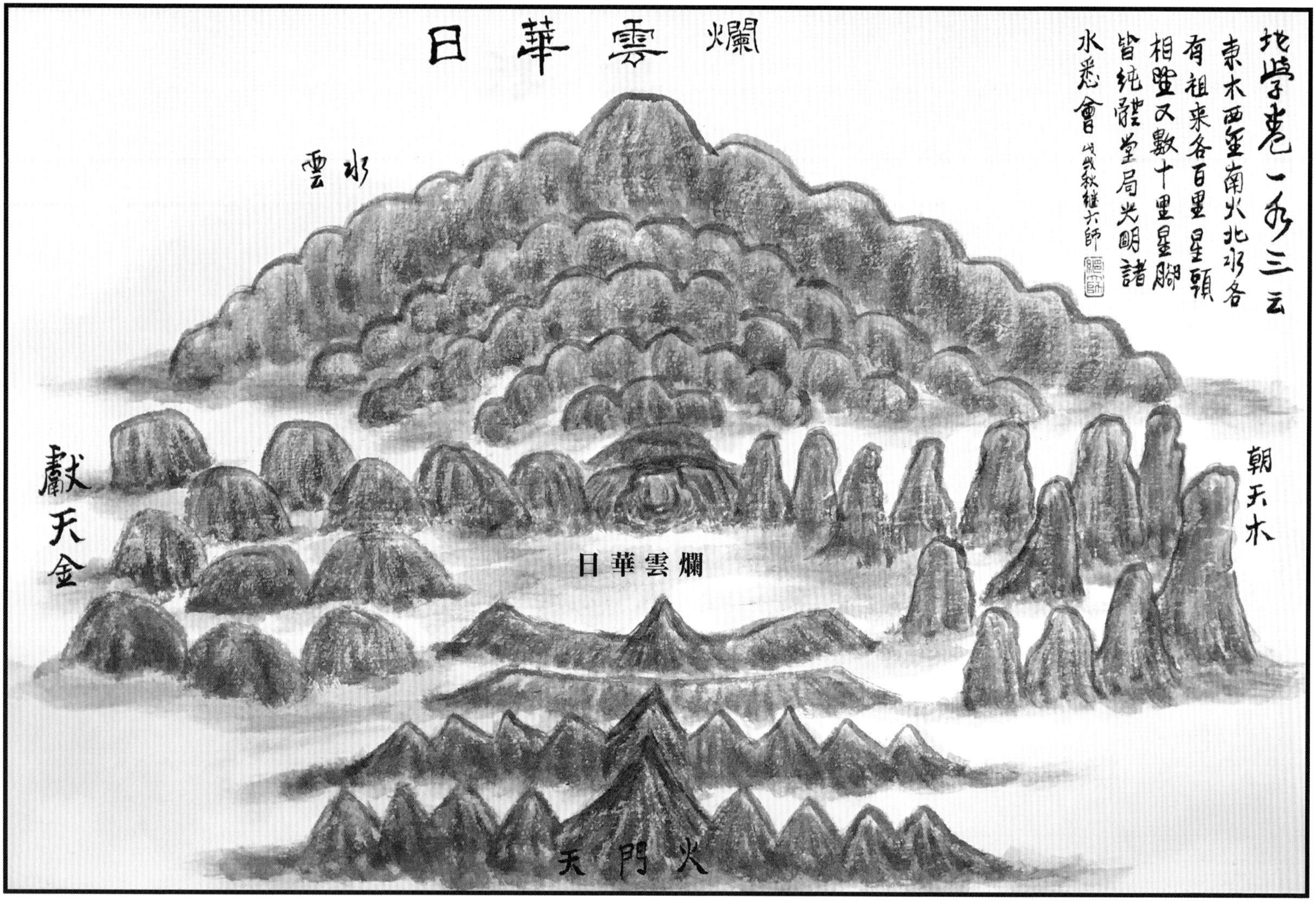
日華雲爛
地學卷一形三云
東木西金南火北水各
有祖来各百里星頸
相照又數十里星腳
皆純體堂局光明諸
水悉會
戊戌秋繼六師
雲水
獻天金
朝天木
日華雲爛
天門火

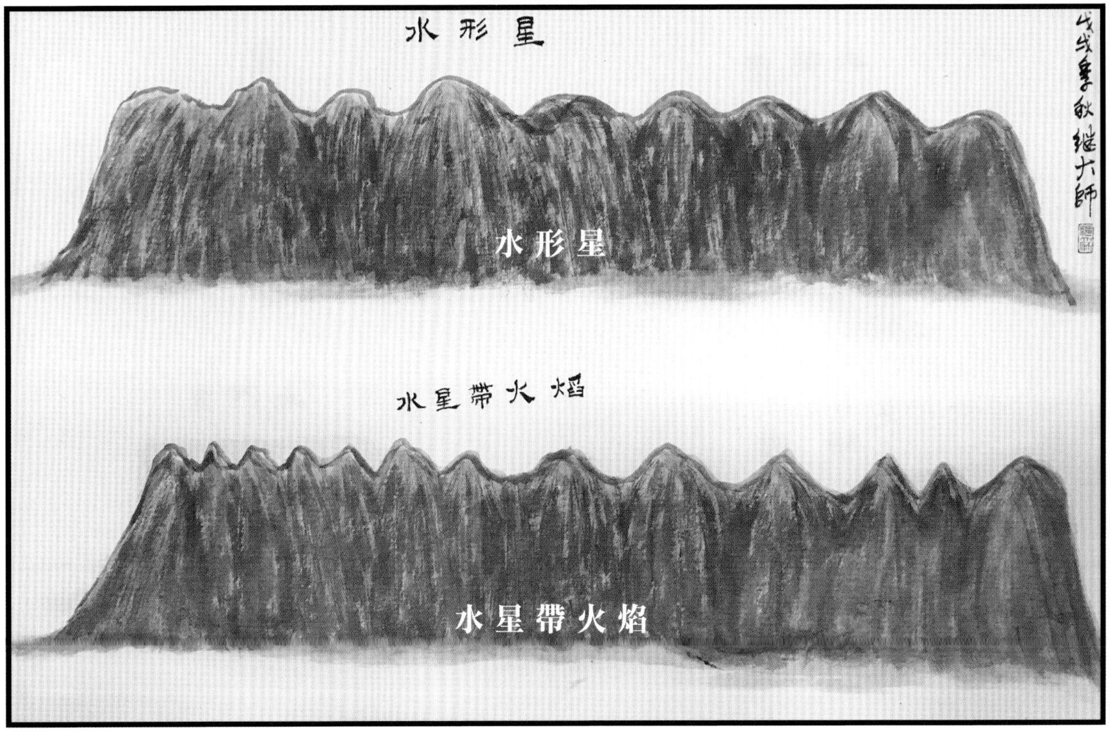


惡龍纏吉水，而吉水又是波浪形水星，這主出大惡之人，但機智敏銳，智慧聰明，得大富，但做事多是為非作歹，是惡人得財之地。

（二）貴龍纏惡水——

龍身屈曲且遠道而來，左右之護砂有多層，前呼後擁，如大人物出巡，星峰磊落，肢爪長而多，但左右之河流出現在穴之正前方，或穴之左方或右方，河流是反弓而背着穴場的，或有直水沖穴之左、右或正前方，此為之「貴龍纏惡水」，主穴出人大貴，不得善終，或命運坎坷，困難重重，或常遇惡友加害等。

所以龍穴要配合向法及水法，始能完善，而砂法又包括龍及穴法，故「龍、穴、砂、水、向」五大法缺一不可。

《本篇完》

寫一偈曰：

水星穴法　智者不惑
五法皆能　世間希客

## （五）火形星

繼大師

山巒呈現尖頂山峰，稱之為「火形星」，在風水學上稱「廉貞」，由於山峰位於極高山之上，長期受風雨侵蝕，故山頂聳立成三角形，而泥土被風雨沖洗，剩下的皆是硬石塊，故火形山之石質很重，在行龍方面，大部份為龍脈之祖山，從火形祖山所發脈出去之結穴，多應出權力之人，故楊公云：

**「大地若非廉作祖。為官終不至三公。」**

火形山峰因尖頂，若端正矗（音蓄）立，正朝吉穴，則為「文筆峰」，若文筆峰高聳透天，眾山矮小又圍繞而拱之，則為「透天文筆」，出大文豪而影響後世，或出文學修養高的人，這當然要是大龍大結而正朝透天文筆之大地才會如此。

龍樓
錄自地學卷一
火形 戊戌秋繼大師
龍樓

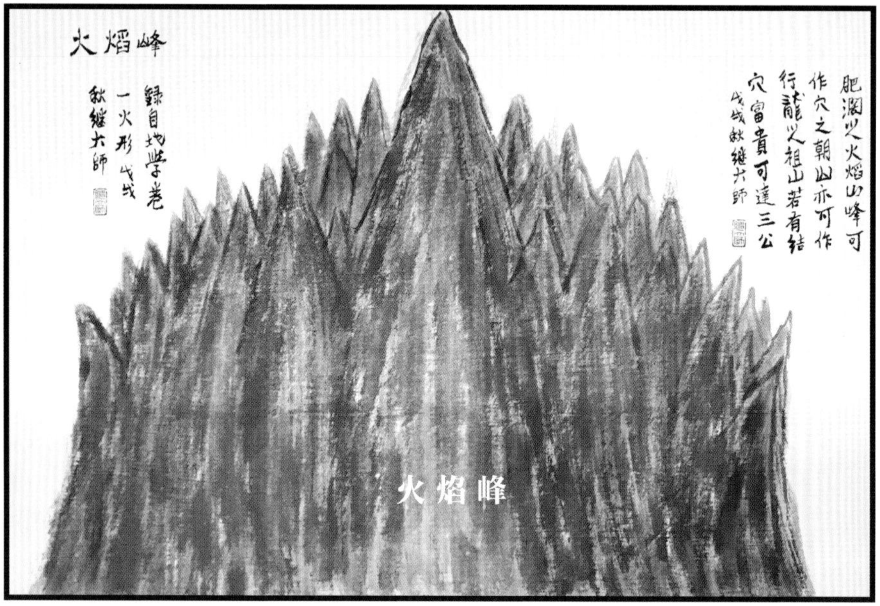
火熖峰
錄自地學卷一火形 戊戌
秋繼大師
肥潤火火熖山峰可作穴之朝山亦可作行龍之祖山若有結穴富貴可達三公
戊戌秋繼大師
火焰峰

火形山若在祖山出現，而尖峰眾多，眾尖峰又形成一大山峰，山峰又在眾山群之上，此稱為「龍樓」，亦表示極貴格的來龍祖山。

熖天穴
火焰之峰可作穴之朝山亦可作行龍之祖山若有結穴富貴達三公
戊戌秋繼大師
錄自地學卷一火形
戊戌秋繼大師
熖天穴

獨火形

又有一種火形山峰，有多個尖峰而高聳，遠處皆見，峰尖而窄長，群峰尖而高入雲霄，尖峰群出現在一條很長很闊的大山脈頂上，此為行龍中的祖山，是結大都會或國家首都之堅厚大龍脈，大龍脈由很多山脈山峰所組成，潤度超過一百公里，若駕車橫過山峰群，也需二至三個小時，像中國秦嶺山脈，就有二百公里闊。

筆者繼大師曾在意大利由米蘭（Milan）至路卡（LUCA）之車程上，親眼目睹全歐洲最大的巨龍，主脈沿東歐向西行，經瑞士而迴轉向南行，末段在意大利，由北向南行數百公里後，便結首都羅馬，難怪羅馬人曾經雄霸整個歐洲，而中國蒙古人入侵歐洲，又湊巧地取意大利羅馬為首都，而全世界有十多億信徒的天主教庭，又剛好建在羅馬梵諦岡處。

這種種歷史，莫不與這條歐洲巨龍之火形祖山群有關，可惜的是，意大利人不知風水的力量，有意無意之間，將這條巨龍之火形祖山群去開採石礦，現時受破壞的情況並不嚴重，火形星群之山腳被開出石礦，若再開採下去，相信在數十年至百年間，必會做成很大的破壞，好的一面，當行上龍的煞運時，不能出暴君，壞的一面，行正當元龍運時，不能成為強大的國家。

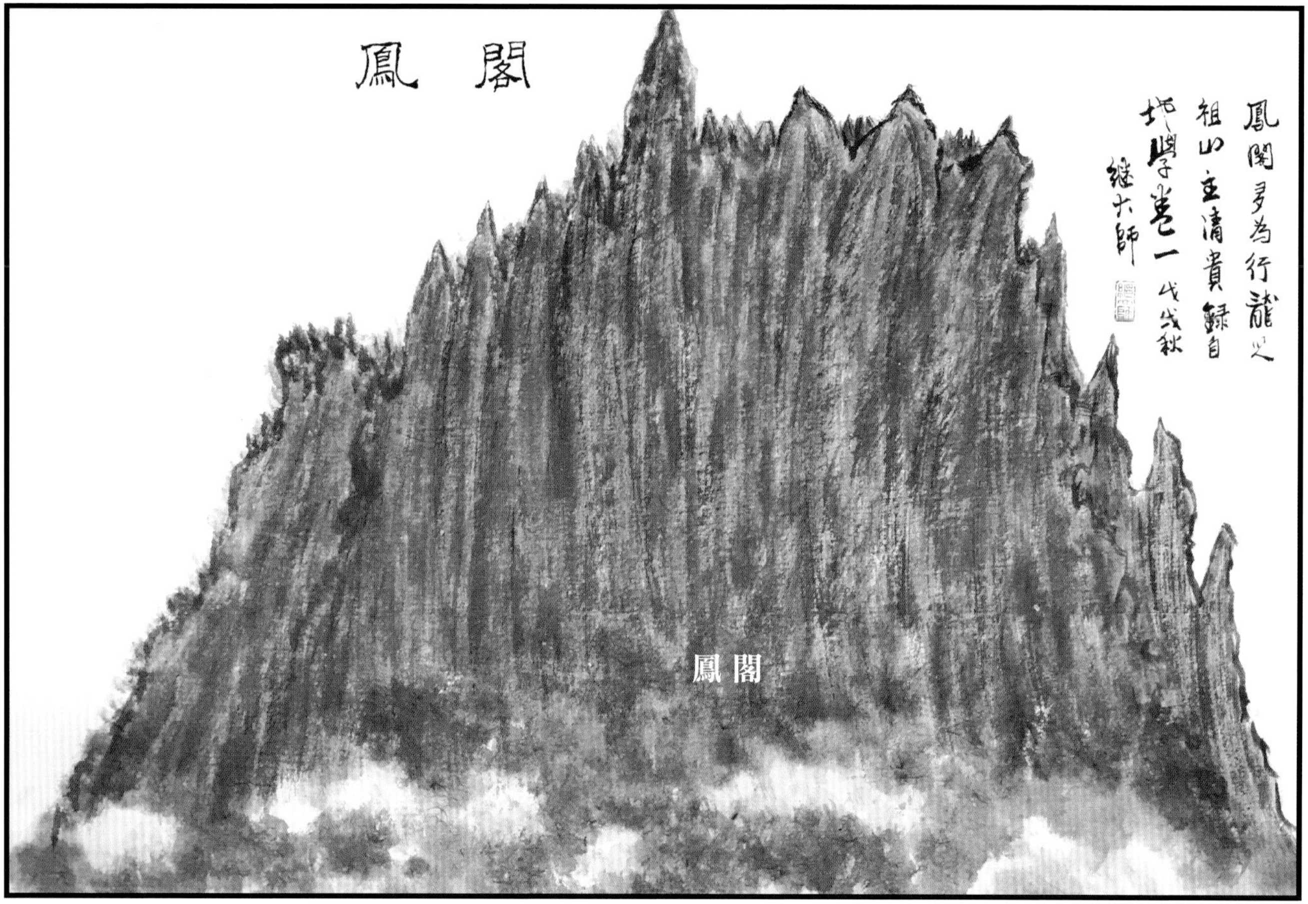
鳳閣
鳳閣多為行龍之祖山主清貴錄自地學卷一 戊戌秋
繼大師
鳳閣

火形山峰，除在行龍中出現外，亦可為結穴附近之砂物，尖形山群或獨火形山，皆可為旗，火形山頂尖而端正，腳闊而兩邊對稱，名「蓋天旗」，若中間有空隙，兩傍有尖形山峰，形成像一道大門而朝穴，此稱為「門旗」

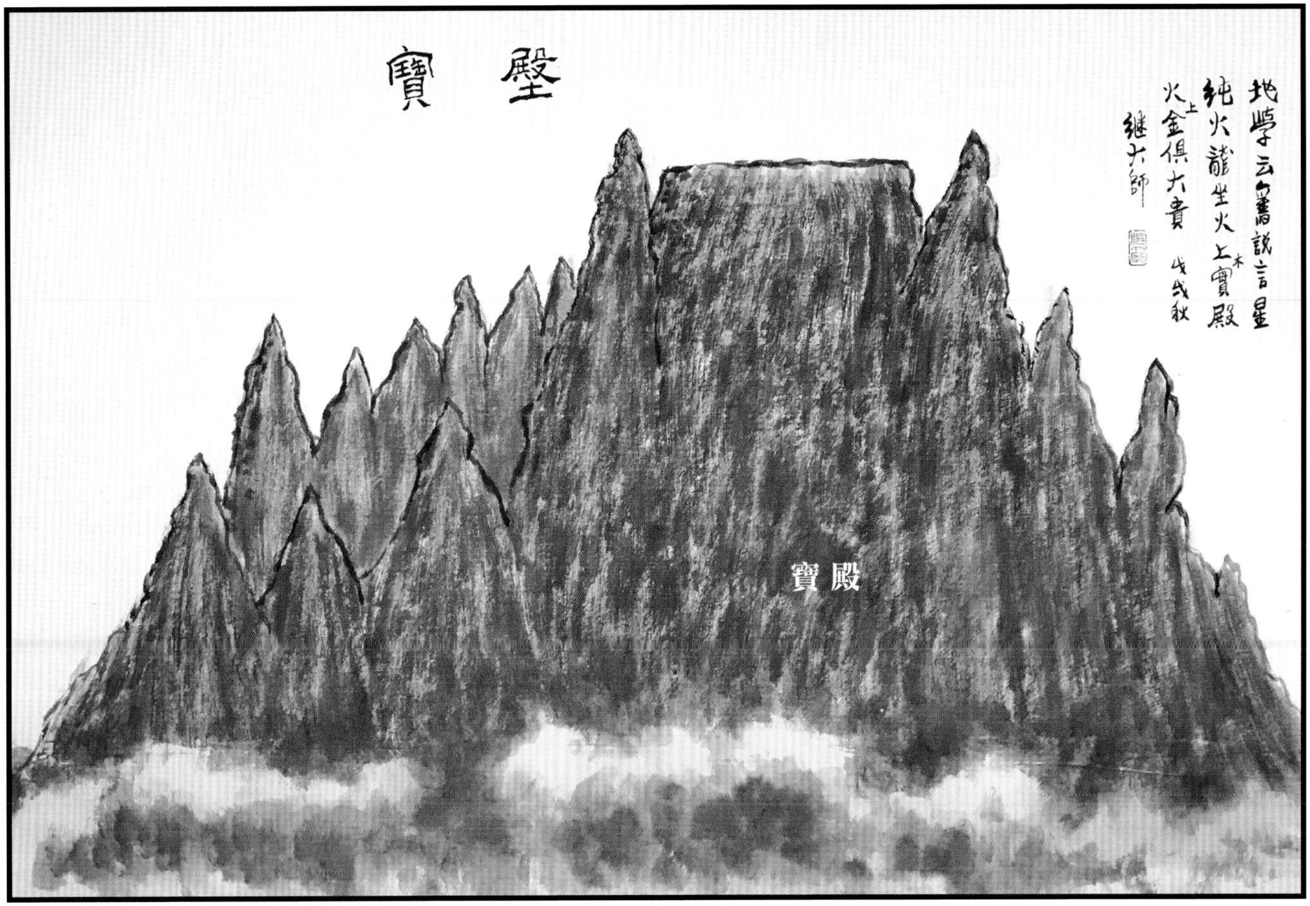


，若尖形山峰群有走離穴場之勢，雖尖峰像旗，但山走，此稱為「走旗砂」，是將卒之旗，若尖峰個個來朝，是逆朝之旗砂，稱為「報捷旗」，吉砂是也。

在梅縣大埔壩李光耀祖墳之白虎方，有一尖形石頂之火形山，側朝而拱穴，為韓江上游的轉彎位置，在白虎方，應三、六、九房，主出權力之人。

在惠州羅浮山下，有火形尖頂石峰，在山腳望去，像一個頭帶尖鋼盔，身穿鐵甲之將軍，整座山就是一個鐵甲將軍，山下剛好出現一橫長如劍形的山脈在地上，塑造出一個栩栩如生之「按劍將軍」，又湊巧地，將軍山下建有一個軍營，非常巧合，這是火形山峰下所化出之砂物，通常生出有權力象徵之地物，有：「寶劍、將軍、兵器、令旗、戟、矛」等等。

又有一種穴，呈現飛鳥禽形，穴結星頂之上，頂後乘坐高峰下之落脈上，且正靠主峰，穴前有平托，托下有尖形脈氣，尖嘴向下，穴上不見，為穴之官星，正是飛鳥穴之鳥嘴，亦是應權力的，所謂官星，是指穴正前方出現有三角形山丘，尖角之山丘向出，三角形之底邊近穴方，或連接穴前餘脈脈氣。

最重要的，就是在穴上不見此三角形山丘之尖脊，此丘出現在平托之下，或有凹坑在其中，凹坑橫界穴場，而凹坑外再出現有高出之橫案山丘，換句話說，尖角形山丘出現在穴前平托與前方案山之中間凹窩處，在穴中不見，這是第一種官星。

第二種官星，是出現在案山山丘之外方，在穴上只見橫欄一案，三角形之山與橫案相連，三角尖向外，底邊與案山相連，在穴上不見，是謂「案外官星」，主出有正當權力之人。

火形星出現在穴前很遠的地方，而在穴上可見，火形山峰相連，有多個火形峰出現在一個橫放之大山嶺上，是為穴之朝山羅城，此等朝山類似八仙嶺之山，小尖峰並

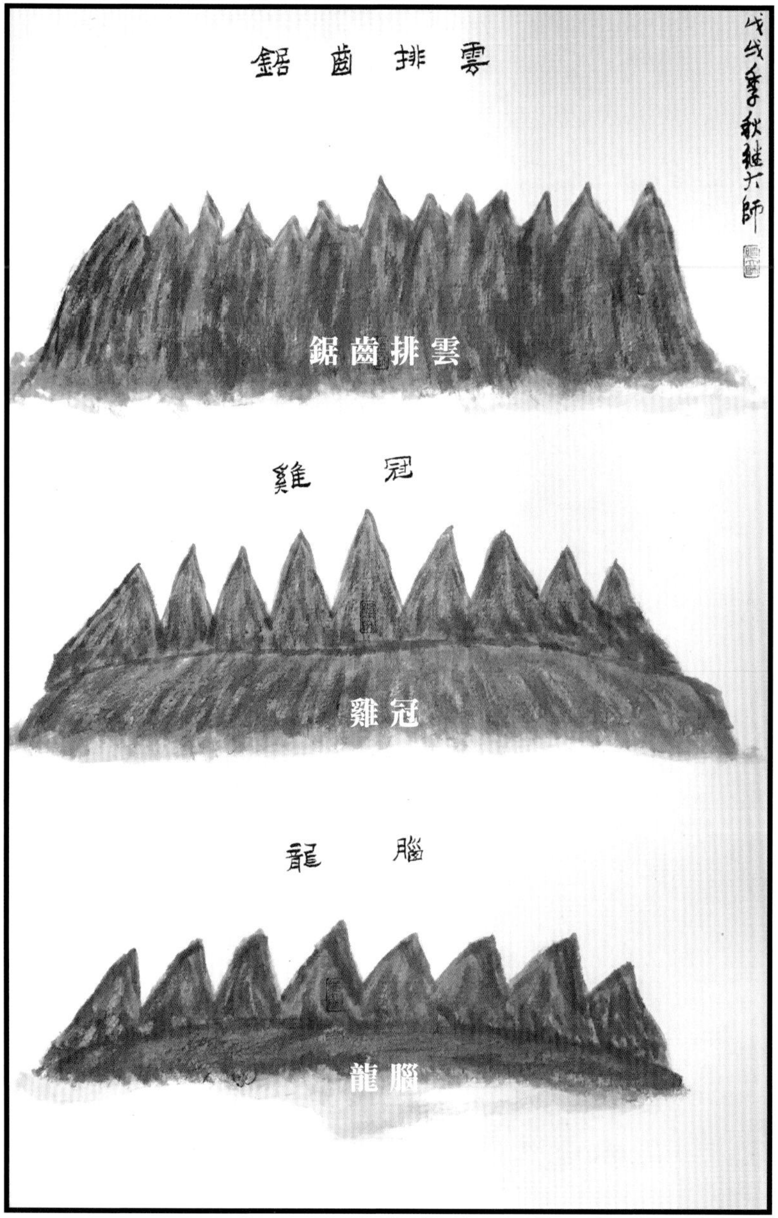

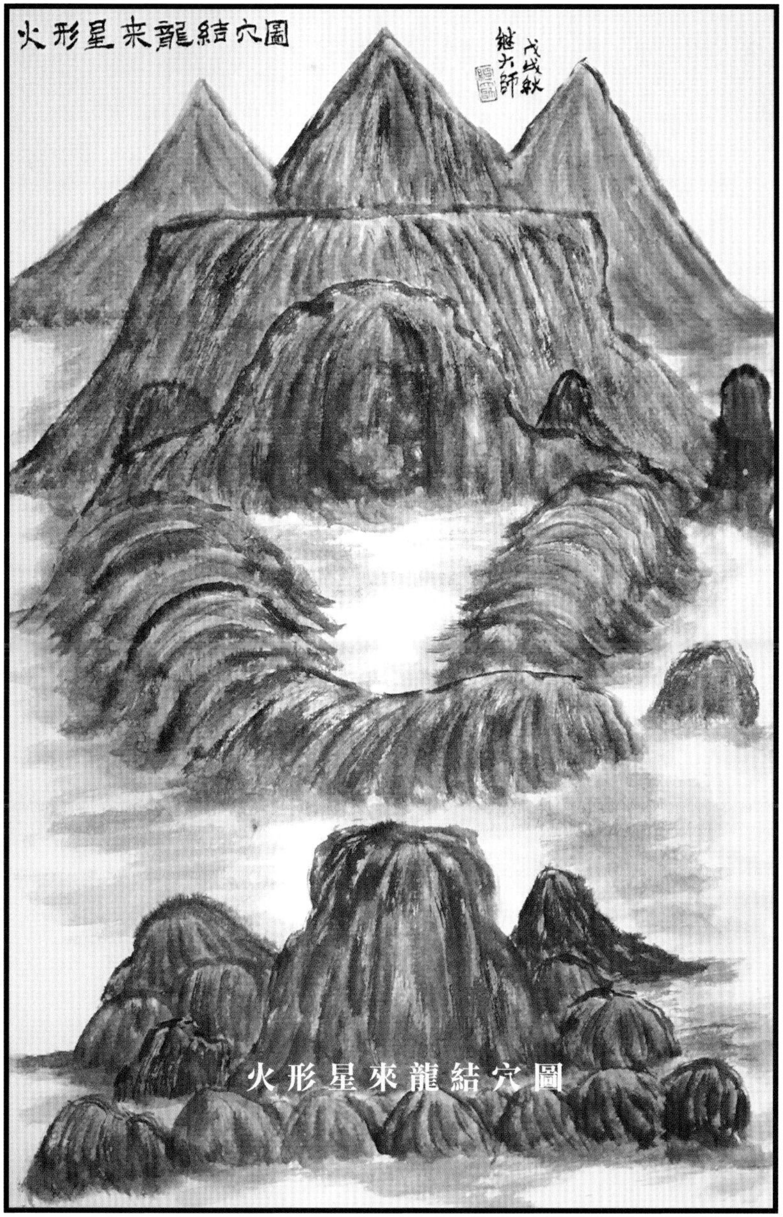

火形星來龍結穴圖

排相連而組成一座大山，火形小尖峰，在穴上看，遠似火焰，謂之「列炬燒天」，有時烈火似旗，穴上看去，像有很多小旗在山嶺頂上飄揚，主出大貴之人，領導十方大眾。

火形星如出現在穴正前方，是一枝獨秀格，文筆峰之四周，有矮山環繞，則極貴矣，獨火形高出眾山者是「透天文筆」，穴上若正收此等山峰，主出儒門聖人，其文章亦會影響後世，如宋代朱熹夫子之祖墳 — 朱文敏公之墓，由吳景鑾國師點穴造葬。

火形山峰不可太近穴，火形山之形成，是因高出的尖峰，長期受八風所侵蝕，故沒有泥土，多是硬石塊，或大或小，最是嶙峋，故太近穴，會對穴做成煞氣，出凶惡頑強的人，或應有火災之凶險，故獨火不宜近穴，要高大而遠，正朝穴場便吉。

火形山峰若出現在穴之兩側，為夾耳山，「夾耳」即穴之左右，以人作穴比喻，其火形山出現之位置，其高度如人之耳朵與頭頂間的部位，而火形夾耳山之外方，又有更高之山嶺出現，是謂穴之「火曜」，同時守護穴場。

「曜星」是指穴之左右火形山丘，或左右山丘頂部所出現之大石塊，朝天而立，主出大貴而有權力之人，得道多助，主掌大權，火形山可以像旗，旗有「蓋天旗」，尖峰在中，兩外側斜開而下。另外亦有門旗，在穴上看前望去，山峰尖頂，山形內直外斜至腳下，兩山相對，像是一道大門，門中朝穴，門之兩側斜出，頂是尖峰，兩山之門外，又有旗山排列，主出將軍之人。

旗山有戰旗，如在戰爭中之旗在飄揚，主大吉；有降旗，旗之形狀似放下之狀，主出戰敗之將領，亦有賊旗，旗形不正，鬼鬼祟祟，形態凶惡，是煞旗。

火形山峰有出現在山嶺頂部，橫橫地排列着，其形有：「鋸齒排雲、雞冠、龍腦、蓮花帳及列焰燒天」，此等皆以穴之朝山為主，而在行龍上出現，便如前述之「鳳閣、龍樓、寶殿」等。

在結穴方面，火形山丘不作穴之父母星辰，因火形丘尖而帶煞，故不結穴，只作祖山，或作父母山後方之祖山、少祖山或太祖山不等，但亦有少數之例外，如在穴前方回看穴後之父母山峰是火形山，但在結穴處往後方看去，火形變成木形而有少許尖頂，或像皇爺之尖頂帽子，下方腳部是橫土形略突至結穴處，此等是奇特之穴，主出掌權之高官，能近帝皇或現今之總統、總理之身傍，古人所說之穴有「燈花剪焰格，照天蠟燭」等。

火形尖脈若出現在結穴之前方，而穴是金形父母山丘，尖角在穴前平托之外，尖角向前，但穴中可見，是為火來剋金，要把尖角剪平，結穴有「金鐘伏火」或「金鐘覆火」或「金鐘剪火」，即金頭火腳之形，剪去火煞，穴則可用。

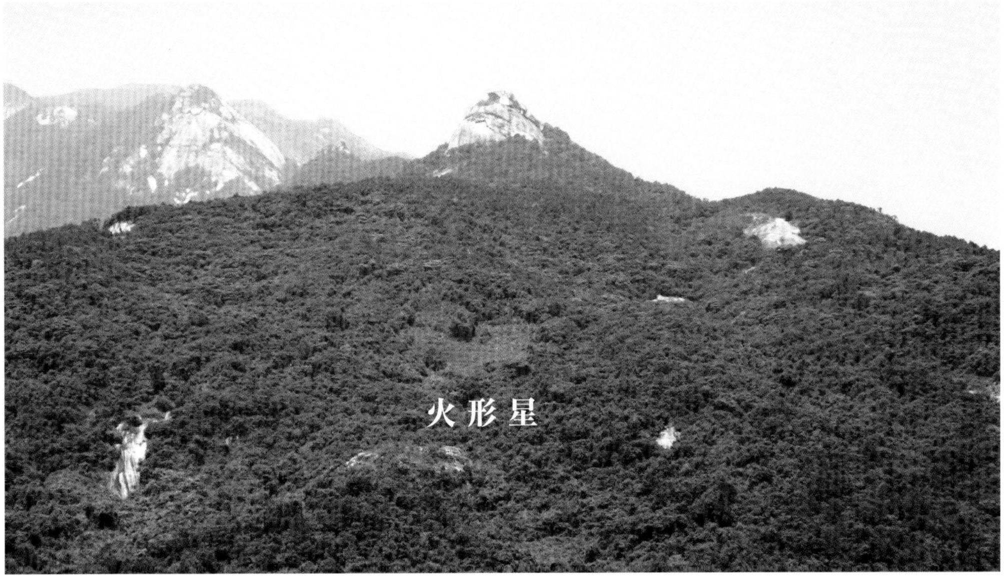

　　但若是土形星為穴之父母山，穴前平托之下是火咀，尖角向前，穴上又不見，是火來生土，稱為「丹爐覆火」之煉丹穴，主出仙人，或修道之人。

　　又有一種穴，穴星雖是火形，但丘頂不尖，略帶圓，穴往後看是左右斜出，略為帶尖射，此等火形星穴場，需要在穴頂與父母星頂之間，用人工裁剪法堆土，使在穴上往後看是平土形之人工堆土山丘，成火生土之吉格，則穴可用矣。

　　火形星體除了是豎立的山形外，亦有卧式的，即是「眠體」，在平面上是三角形的，但若在穴中往前方看去，不見三角形之尖，只見朝山，這亦是穴之官星；若在陽居中，屋前有兩條馬路從屋後之左右方來，交滙於屋前不遠處，形成一尖角形，但在屋前大門上並不看見，只見遠方朝山，這亦是眠體之官星，主應權力，這要很小心才觀察出，筆者繼大師在深圳彭城城郊處，看見一座三層大屋，正是此等格局，亦是出權貴的。

火形星

雞冠

火形星朝山結穴圖

**火形星**

火形星不結穴，若地師一不小心點着火形星丘之下，近前方又有火形山來尅穴，這是會令後人夭折的，主應二房人丁絕，筆者繼大師曾在元朗新田近旗形令字穴側，見一火煞穴，當堪察其間，聞一村民説，此火煞穴於一九六七年丁未年造，造葬不久，二房患喉癌而亡，大房即時把葬父掘出，而墳便破敗，是故火星山丘不結穴，不宜造葬。

火形星中，並不單指山峰或眠體火星，在陽居之中，在三角形地形上，亦不宜建屋，但可以將其三角尖切去，修葺成四方形或長方形，多出之細三角地形，可作種植樹木用途，又可美化環境，這樣才符合吉祥風水格局，但現代人，多是功利主義，少少地方亦不放過，而三角形之土地，住者沖煞，凶事特多，故不宜居住。

在化煞方面，若陽居前方有尖角沖尅，可於屋前平地，作一三角形水池，尖角向出，屋門上向前方看去，不見其三角形，方向及方位又符合元運，是以煞制煞之作法，此種方法，要特別小心，巒頭理氣之功夫要到家，若一不小心，則凶事會產生，宜請明師主理。寫一偈曰：

火形星丘　吉凶且有
應用得宜　權貴領袖

《本篇完》

繼大師

## （六）土形星

山峰之中，其頂平坦而闊，兩側略斜而下，是平土形山，五行之中，土居中央，因為平頂之土形山丘沒有變化，若作穴之父母星，其土丘要秀麗清貴始可，切忌形體呆滯、醜陋、嶙峋或破碎，這皆是下賤之土星，主出人昏愚懦弱，疾病纏綿或是牢獄不振等。

土形星若出現在行龍之中，龍脈一定要剝換變化，星體要端正尤佳，土形平頂山，若其腳下正面有粗脈落下，稱為「露筋」，而山頂中出現一至兩級之平頂不等，又或平頂不甚平，這是「祿存土星」行龍，其行龍至結穴處是「梳齒」或像「犁鐴頭」之形狀（耕種用之犁鐴）。

若行龍中以平土端正之山形為主者，是為「巨門」行龍，以巨門平土星作祖山，其行龍至結穴處，必是窩中地勢而略突出一地作胎息，穴結胎息之下，故楊筠松風水祖師在《撼龍經》云：

**「巨門不變窩中求。**

**……祿存不變犁僻頭。」**

這「不變」者，是為「應星」，「應星」中有「前應、後應」，「應星」即是山峰，行龍中，龍身生出有很多山峰，可為龍之祖山，或父母山，或穴之後靠山，或是穴之前朝山峰亦可，但此處所說之「不變」應星者，是指祖山出身後，落下之第一節星巒，這若是巨門平土山，則在龍脈結穴處是窩中一突之土形丘，故祖山出身之第一節與結穴處產生了相應，故謂之「應星」。

例如香港元朗之「玉女拜堂」穴，便是凹腦土行龍作祖山，其穴正是窩中之略突地形，為土形父母穴星，脈在白虎方落脈迴轉至中部位置，為「土角流金」。

在結穴中之四周可見之山峰，均能影響葬穴者之後人，一般最常見的，就是土形山作正朝或正案，有「玉屏、帝座、御屏、庫山、展誥、誥軸、天財」等山，而在九星五行之山形中，有：

**「凹腦土、雙腦土、平腦土、祿存土。」**

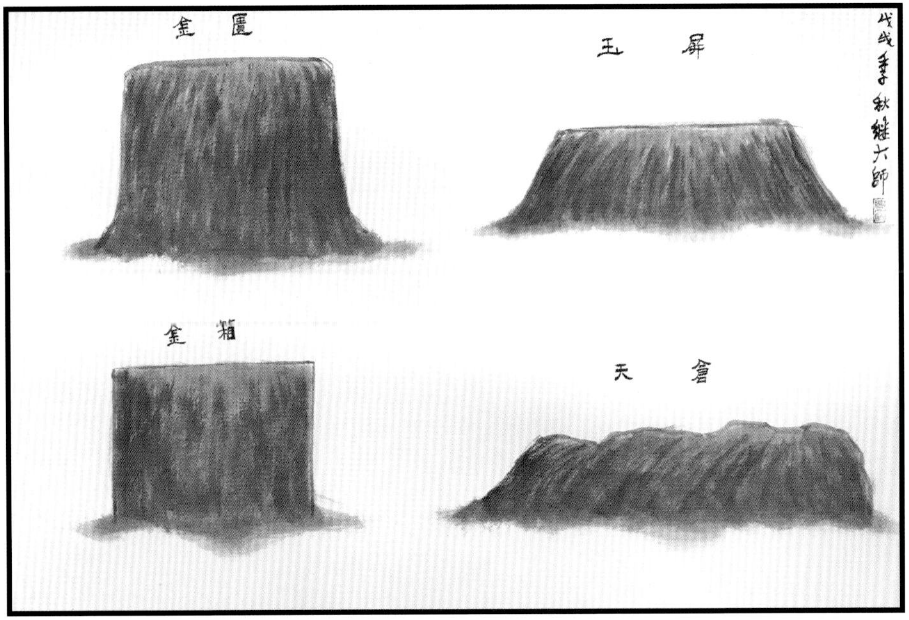


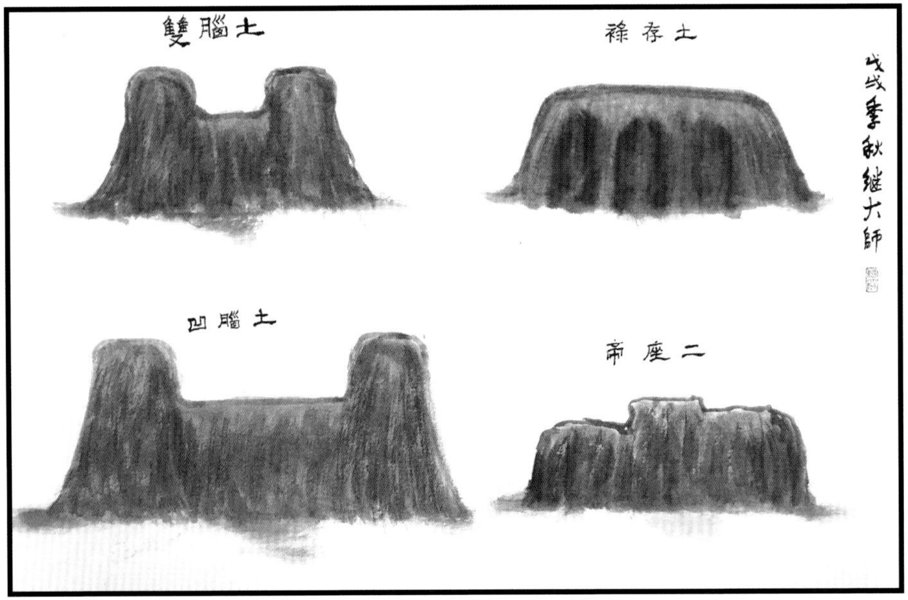

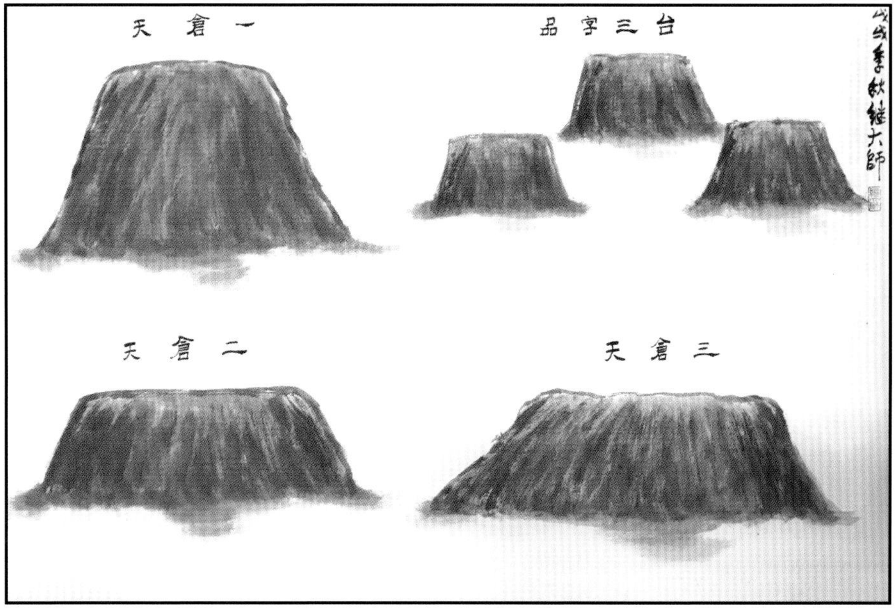


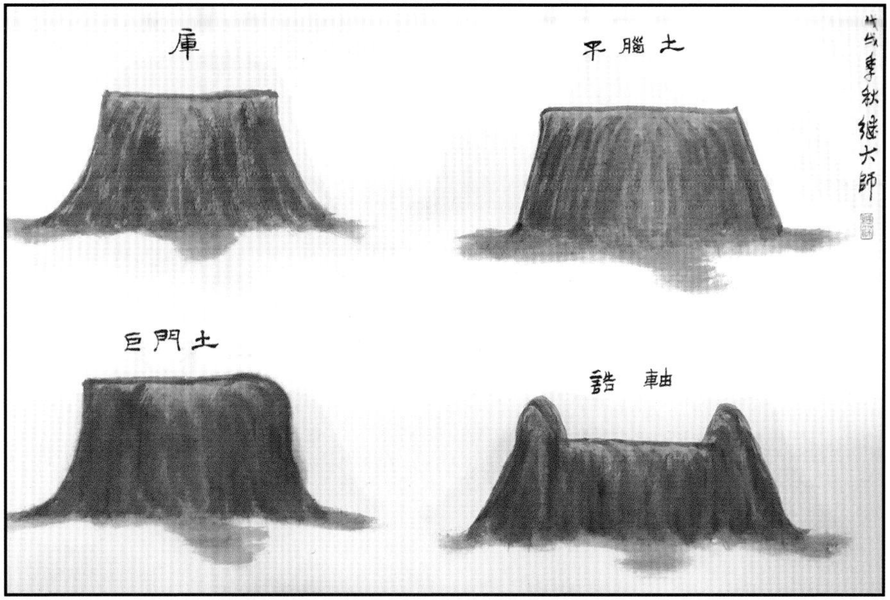


「巨門土」是典型之土形星，土形星有很多變化，有像倉庫之形，或金匱、金箱不等，在水上出現之正方形山丘，名「金印」，筆者繼大師現將土形星解釋如下：

玉屏 —— 正方形山峰，兩邊有方角，作案山者為「玉案」，主大貴，為侯王拜相等，亦可在行龍之龍身上出現，如香港新界洲頭由 呂師所點穴造葬的「倒地葫蘆」穴之來龍，正是三個土形山丘的行龍，為「玉屏三疊」格局。

天倉 —— 正方形山峰，一邊為方角，一邊為圓角，平頂山形，若是貴龍結穴，主出大富大貴之人而可敵國。

金匱 —— 亦即金箱，山頂平而山峰高聳，若來龍厚濶而源遠，皆主富貴近皇者。

金印 —— 正方形之山丘浮於水面，穴能正收者，而又收得逆水，主出掌財權之官。

誥軸——平土山峰，兩角高起，狹小者為「誥軸」，長闊者為「展誥」，山形像古代受皇帝封賞時，代傳聖旨的官員所用之展誥一樣，主貴。

天財——即天財星，平頂山，兩角凸出，故曰「凹腦土」，又像「丫髻」，即元朗玉女拜堂穴之祖山「丫髻山」，它主財，故又有「凹腦天財穴」之稱，又土與金合之形體，亦為天財星。

又有一種土形山丘，平頂而兩側均圓，不高，正面望去，就像一個木魚形的山丘，主出僧道或念經之人，如大嶼山羌山觀音廟山門門樓之正朝案山是也。

平土形之山丘，若出現在同一處，眾土丘相連並排，便是「連城土幛」，可作穴或城市之羅城山群，亦主富，此種連城土丘，甚為少見。

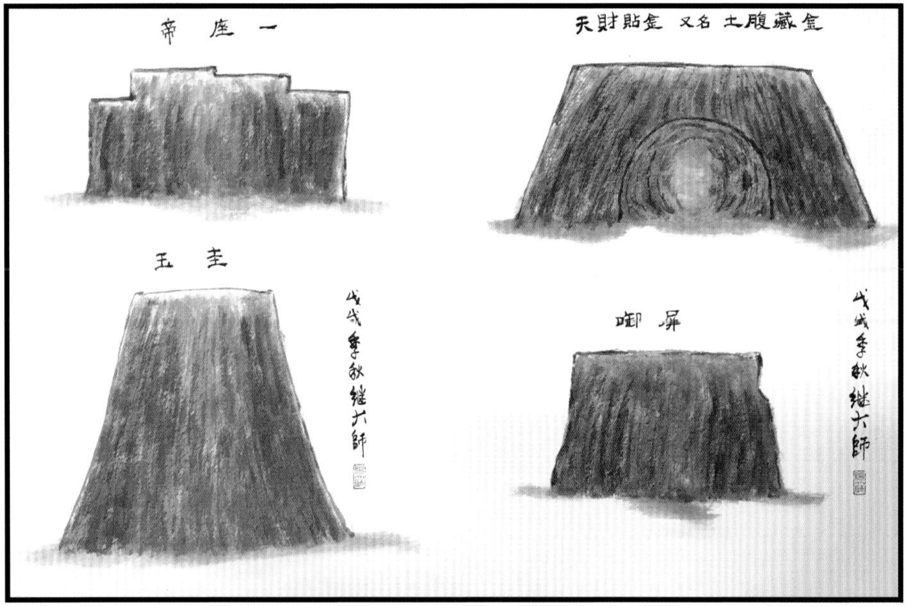


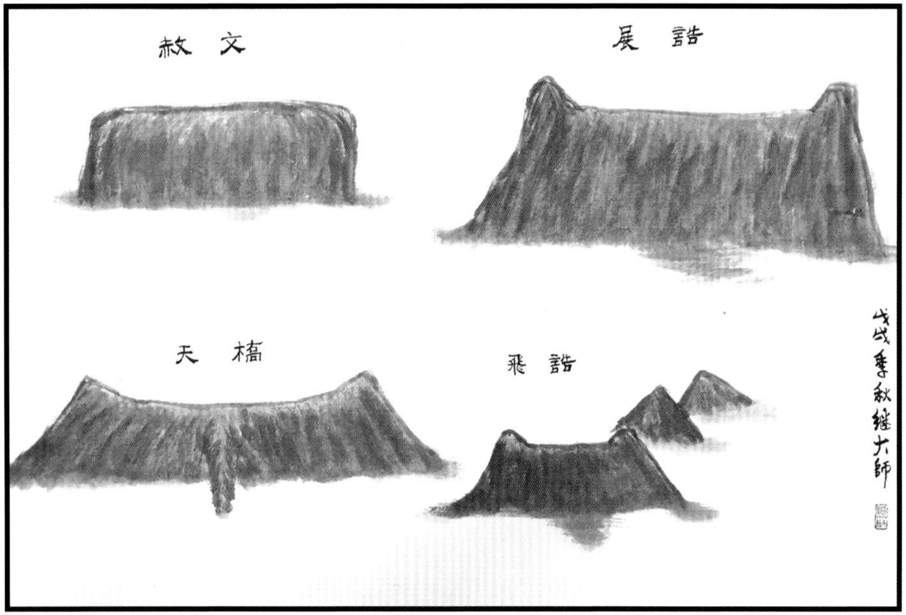

又有一種奇穴，其主峰是端正之土形山峰，其中間落脈，至山之腹部出現一圓金形山丘，穴結圓形山丘之下，此等穴，名「土腹藏金」，主出富人。土形山丘，若中間沒有開出中脈，及沒有兩側生出龍虎砂，是謂之「沒有變化」，只可作朝案之山，不可作為父母穴星。

在凹腦土形山丘中，由兩側所凸起之角發脈，脈在兩側落下，中間平土發出主脈，兩側之脈為主脈之龍虎砂，穴結平土丘下之落脈處，故有「天財穴」，又名「凹腦穴」，又曰「雙金降水穴」，最重要是視乎其凹腦平頂所落下之脈是否有變化，如**《地理啖蔗錄》**清、袁守定著（武陵版第二五六頁）有云：

**「平腦若不脫胎。可朝而不可穴。凹腦已有化氣。可穴而又可朝。」**

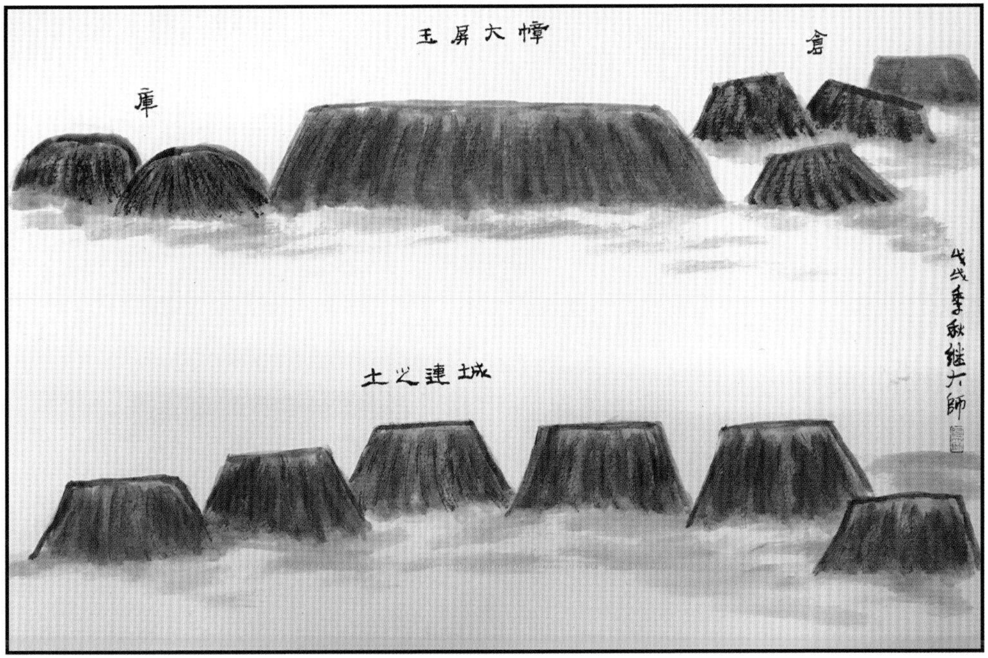

這平土穴星之口訣是：

脫胎 ——— 平頂中間落脈，脈落至中間而生出一平托作氊唇。

化氣 ——— 凹腦平土山丘，中間落脈，兩角同時落脈，作為主脈之龍虎護砂。

這是砂法中之穴法，兩法同看，必能定出吉穴位置。

土形星，其體方凝而正，土形之性格是鎮靜，做事較緩慢，其在**《地理人子須知》**（乾坤出版社，第一三三頁）有云：**「山勢渾厚高雄則吉。欹斜傾陷則凶。山面平正聳立則吉。臃腫破陷則凶。山頂方平闊厚則吉。圓角軟怯則凶。山腳齊平端斂則吉。牽拖破浪則凶。」**

以上平土山形之吉凶，總括而言，以端正、平聳、闊厚、齊端則吉，以傾斜、破腫、形怪、不協調之突出物為凶，以有情為吉，無情為凶。土形星意喻財富之山，故主富也，屬性是「福大、量大、忠厚、正中、誠信」，其壞處是「怯弱、無決擇、猶豫、遲慢、沒有變化、做事呆滯」等。

這土形山，關係到行龍及穴上能見到的山巒，而龍法、穴法及砂法，各法關係密切，互有影響。

寫一偈曰：

五星居中　土富為用
龍穴得法　福祿無窮

《本篇完》

## （七）長壽砂法、逆水局及文筆峰斷應──文筆斷應口訣

繼大師

一般人點穴造葬，必以財利為首，得財之法，以收得逆水為主，故晉尚書 ─ 郭璞著《古本葬經》〈內篇〉云：

**「經曰：氣乘風則散。界水則止。古人聚之使不散。行之使有止。故謂之。風水之法。得水為上。藏風次之。」**

這**「得水為上。藏風次之。」**正是古今風水學上之口訣精華，「得水」之意思，並非單指水流、湖、江、海等，亦可指乾流，以穴上向前看，穴結之位置較低，而前

火形筆架朝山（逆水局）

山高聳且遠，其高度的標準，到人之眉額處，當下雨之時，水氣帶著生氣，從穴前方遠處流近穴場，此等穴，正是逆收前方生氣，為「逆水局」，主二房速發。

以穴前可見之水流而言，以屈曲形態從遠方流近穴前明堂，或從明堂之右方，或從左方，流經穴前之龍方或虎方，從穴之後方流走，這亦是收逆水局之穴地。

另一種逆水穴，是在一個垣局上，四週有群山圍繞，中間是平地，只得一個缺口，有水流出，穴或陽居若建於水口處，後靠一山丘，前收逆局羅城之水，是為「水口砂作穴」格局，因其位置是在出水口處，其所作靠之山必然較前朝環繞羅

城大局之山為低，雖收得逆水，但靠山不足夠，主人壽元不高，或有短壽之應，除非向度納得當元旺向，但元運過後，亦應短壽，故神廟多建於水口處，以納十方財而護佑十方眾生，若建屋居住，多應短壽，不適宜住人，故用神廟以關鎖水口。

**《雪心賦》〈卷三末〉**（竹林版，〈卷三〉第八頁）云：

**「文星低而夭顏回。天柱高而壽彭祖。」**

孟浩先生註解云：**「文星即文筆峰也。天柱穴後主山也。以巽辛山為文星。以乾山為天柱星非也。……若文星低陷。則應出人聰明而壽夭如顏回之三十二歲夭卒也。若天柱高聳。則應出人多壽如彭祖之年八百歲也。」**

以穴前後四週所見或不見之山峰地物，在風水學名稱為「砂」或「沙」，山峰對穴所做成之剋應，是屬於「砂法」範圍，而山峰尖頂，像毛筆之筆尖，是為「文筆峰」，以穴上能見者為吉，這是屬於在風水上的「巒頭」方面而言，（山之形勢曰「巒頭」。）若有三個山峰相連，中間一峰略高出，這是筆架形之山，無論文筆峰或筆架峰，在穴上得見為吉，側傍則次之。

此處說**「文星低而夭顏回」**，是指文筆峰或筆架峰低凹，而穴上可見，縱使發文人雅士，但形勢矮小，比穴處為低，沒有力量，穴位高結而筆峰、筆架低，則是送水砂，這是在形勢上來論。

文筆峰

再者，以文筆峰及筆架峰在穴之某方位上來看，穴所立之向，文筆及筆架峰之位置，穴上能收納則吉，若不合則時運未到，這是以理氣方面來論。綜合以上所論，巒頭及理氣合用，其斷法又有所不同。

現筆者繼大師以個人經驗作出下列吉凶斷應之分別（只是概說）：

（一）文筆、筆架峰在穴上能立向收之——若穴向當運，文筆峰失運，則穴祗出文人雅士，雖有文章才華及聲名，但並沒有著書立說，相反，只有在功名上有地位，如出文官高職，但其文章才華只在職務上需要而著作述論，並不能大眾化，亦不能普傳於後世。

（二）文筆、筆架在穴上被穴向所收納——若穴當運，文筆峰又當運，則主應後人在文學方面，或在某一學科上能有成就，並能著書立說，足以影響後世，但未必一定能當大官，這要視乎穴之大小，砂手巒頭之美，龍及向之等級大小等，向度者如「父母卦、天元卦、人元卦及地元卦」。

若立向及龍脈厚大又當運，正朝主峰是透天文筆，四週又有小山峰或山丘或群山圍繞，定出聖人如孔子，如由宋、吳景巒國師點地造葬之朱文敏公，後代出大文豪「朱熹夫子」，官職高而文學佳，足以影響後世。

（三）穴立向失運，而文筆峰低而當運——穴之「龍、向」元運失元，但是真龍真結，則出人聰明，而文筆峰在旺位，則主文章高超，其文筆峰低，壽元少，則文學上沒有發展的時間，穴之「龍、向」運行至煞運，則出人夭亡，但同時又受文筆峰之佳應，吉凶齊應，如顏回是也。

筆架峰

（四）穴立向一般，但沒有犯煞，而穴前文筆峰剛好在八大空亡綫上——穴立向平庸，或是退運，但現時未交上煞運，但穴前側傍之文筆峰或筆架峰剛好在煞線空亡位上，主後人並非文筆佳，而是工作上與文字有關，例如抄寫工作，或記錄研究文件之寫作，又如現時之新聞記者等。

筆者繼大師曾堪察一穴，穴平凡，非真結，但沒有巒頭上之煞，向是犯微煞，小小空亡線（空亡線分四種，它是最輕微的一種。），其案山側有文筆小峰，方位犯空亡，其後人有一子，曾做記者達十多年。

一般非真結的穴地，若其後靠山峰闊大高聳，是穴之正靠，依形勢判斷，亦出長壽人，以南方離宮為最佳，三合家在**《龍法》**中有云：

**「丁龍南極主之，主高壽富貴榮顯。神仙龜鶴之姿。文章清高之士。下格亦旺人豐財。」**

在**《地理人子須知》〈卷八上〉〈天星砂法〉**（乾坤出版社出版第 459 頁）**〈壽星崇〉**有云：

**「丁為南極老人星。居其位。山高主多壽考。」**

**《地理人子須知》〈天星砂法〉〈卷八上〉**（乾坤出版社出版第 462 - 463 頁）之中有云：

**「文星低——巽星為文星低陷不吉。主貴而不祿。**

**天柱折——乾為天柱。若凹陷謂天柱折。主夭亡。有戌乾風吹尤緊。**

**壽山傾——丁為壽山。若低缺。謂之壽山傾。主夭亡。」**

筆架峰

傳統中國風水觀念，住宅或陰墳，多以坐南向北為主，若陽宅以坐南向北計算，陽居開「巽」門（東南方），這又謂之「一四同宮」，又稱「巽方」，為文章之宮位，這些觀念，只知其一，不知其二，若有人精通三元大卦真口訣者，必知道其收山出煞之妙法，「子山、巽山、午山、乾山」，及「卯山、酉山、坤山、艮山」等方位，分別是四正、四隅之方，無論立向、收山、出煞、來氣等等，必然要小心處理。

筆者繼大師認為它涉及以下四點：

（一）三合家中之黃泉八大煞線為羅盤中廿四山之「丙巳、甲寅、壬亥、庚申、乙辰、辛戌、癸丑、丁未」的兩山界線，為陰陽雜亂，故立向及收山出煞等，均不可取。

（二）若依元運計算，其「山水、陰陽、零正、衰旺」等，有時挨左，有時挨右，挨失元者，煞運當至，人必易短壽；挨至當元者，旺運必到，人必長壽。

（三）山有山之元運，水有水之元運，若龍穴不當旺而山水正當運，則出人聰明而短壽，或人有才華而懷才不遇。

（四）若龍穴當運而山水失運，出人縱使平凡，或沒有才能，也能豐衣足食。

筆者繼大師曾堪察一祠堂，後靠太陽圓金星丘，山美而圓潤，且高聳，其村落所出之人，無論男女，皆是長壽之人，因為後靠之山峰正正是南方，三合家之所謂**「南極老人星居住之地」**而主出長壽人。

另外，筆者繼大師曾堪察先賢李默齊地師自卜穴地，在鶴山樓沖，喝形為「縮頭龜地」，其穴所在之小村落「龜山」，人人皆是長壽人，七八十歲之人十多位，八九十歲之老人亦有五六位，過一百歲的有兩三位，皆為龜山所蔭生。

李氏十七世孫李海晏在道光十四年（一八三四年）甲午秋在**《關徑集》**後之**《跋文》**內有云：

**「厥後於新會蘇村得虎山以葬祖父伯叔。不數傳而出文介公。學行政蹟照人耳目。又於鶴山樓沖得龜山以為壽穴。迄今我子孫之幸紹書香者悉數牛眠。至於為人尋地。所得山。山不可枚舉。」**

這是以穴上所屬地物，如鶴、龜等形，以山形類物而蔭出長壽人，是屬於形勢之類。可惜的是，李默齊地師自卜的縮頭龜穴，由於現今此地區開發，山巒遭到破壞，其後人子孫於公元2010年（庚寅年）把穴內各人遷葬到大欖崗的舉人地公墓，乙山辛向，卦立九運父母卦（澤山咸卦初爻），為「照神山」，五行受剋，可惜！可惜！

長壽穴

其次，穴或陽居之後靠山峰高聳，亦能蔭出長壽人，是以後靠之「天柱星」為蔭壽之主力。

再者，在穴之上，能看見之山峰或水流，穴之向度能收之，不論是山是水，總要當元或旺運，而其方位在四正四隅方，或挨左，或挨右，總以不入空亡為主，這亦主出長壽之人，這是以巒頭去配合理氣之長壽砂法、水法及龍法。

四正四隅之方位，有時是空亡位，有時是桃花位，亦有可能是短壽位，更有可能

是長壽位；總之，砂水穴法，以理氣配合之，其作法必須能得明師真傳，始能明白。

**天地是很公平的，得財而收逆水之穴，則後靠不高而易於短壽。**

**得後靠天柱高聳的穴，則前方地勢比較低平而送水，雖壽高而貧窮。**

點穴造葬，雖然是可遇不可求，亦是福主之取向，要財要壽，或要多財少壽，或得壽而少財，其中之理，妙不可言，各人取向不同，財與壽，皆可聽君選取。

寫一偈曰：

巒頭理氣　各有所取
壽元財祿　知者希微

《本篇完》

## （八）眼疾及墮胎砂尅應口訣

繼大師

風水之法，首重龍法，以接地氣為主，穴乃地氣凝聚之處，然而，穴四週之範圍而穴上可見的山脈、水流等，均會影響穴地之後人，尤其是穴前正朝之山，穴是地氣集中之處，它有本身結作之條件，但穴朝凶砂、凶水，則是穴之瑕疵，是砂法之學問，嚴重影響葬者的後人。

穴前明堂平地上，若沒有案山出現，（近穴前矮小之橫山稱案山。）但在明堂中央平地處，突然出現一個小山丘，正對穴場，為穴所正收，這樣會影響葬者後人，二房或該山丘在廿四山干支方位出生的人，如小山丘在穴之午方，則主應午年命出生之人，尤其是女性午年命生人，其次是後人在午年懷孕，皆容易小產或墮胎，或應後人在「午」年，或午年生人在午年患有眼疾，其次尅應之年為「寅、戌」二年。

在陽居之中，村屋之大門，有惡石當前，或門口對着有破碎之山丘或圓石，又或者是陰墳穴前有山丘破碎，方形之山丘曰「金箱」，圓而小者為「玉印」，若有破碎巉巖等形，皆主有眼疾或傷胎之尅應。

唐、卜應天著**《雪心賦》**（竹林版〈卷四〉第三頁）有云：

**「玉印形如破碎。非瞽目**（瞽音古即眼瞎）**則主傷胎。」**

孟浩註解曰：**「或山或石。圓而小者為玉印。方而小者為金箱。言穴前之沙有如玉印之形而若破解。非出瞽目則主有傷胎之患。」**

另外，水流火口亦損目，例如陰陽二宅之前方，見有三角形水塘，尖角向出，水流三角形之尖角而出，主損目，若水口位是出煞方，合元運，這可以復完，若不合元運則目損也。

在風水古法上，魏、管輅著**《管氏指蒙》〈第二卷十八〉〈四勢三形〉**（裕文書局出版第六十四頁）云：**「故曰。三形衛其玄室。四勢衛其明堂。」**

「玄室」指結穴之位置，「三形」指來龍後靠山脈、左及右脈，即是穴之後靠山、青龍山及白虎山，以穴得地氣為主，屬「得脈氣」之地。

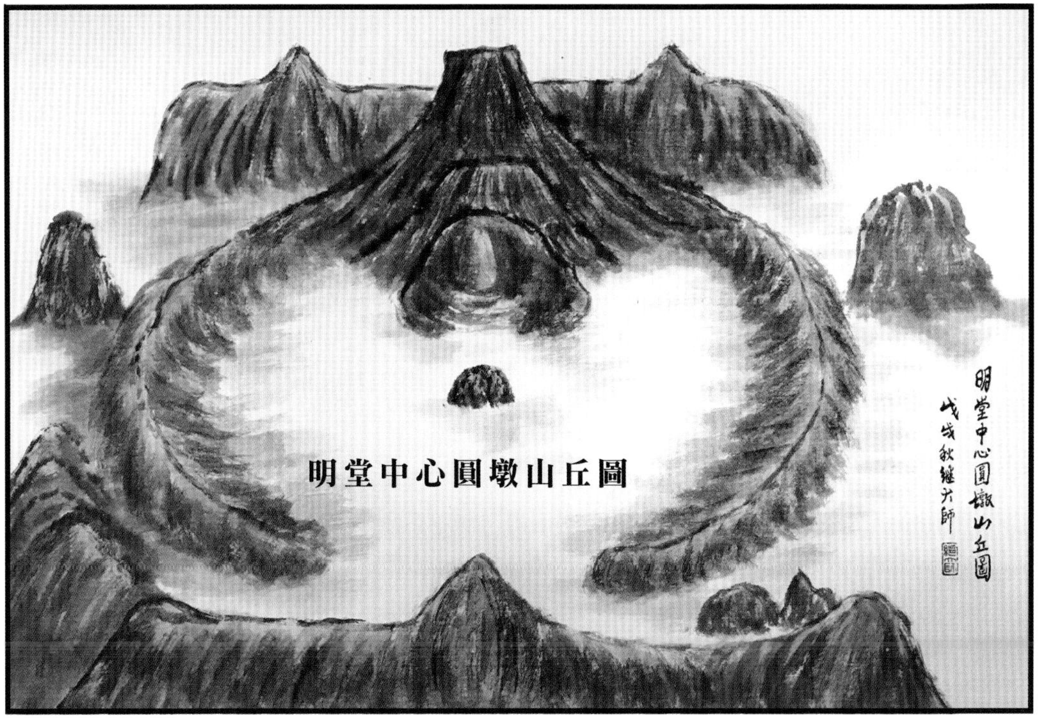

明堂中心圓墩山丘圖

「四勢」指以穴前明堂為中心，其前、後、左、右均有山群環繞，穴之後靠山亦作四勢之一，當四勢環繞穴前平地明堂時，所有山勢抱着之整個空間，就是生氣凝聚之處，生氣之空間在明堂上空，且為穴所朝對而吸納，穴受用了明堂上空之生氣，便能使後人發福，故有「朱雀源於生氣」之說。

「明堂」要「空」出來，「穴」要靠「實」之來龍山脈，「一虛一實」是真陰陽也，明白穴及明堂虛實之理後，便知道明堂要騰空出來，這穴前平地出現獨立之小山丘，便將穴前明堂上空所凝聚之生氣打破，「生氣」凝聚的空間，被獨立之

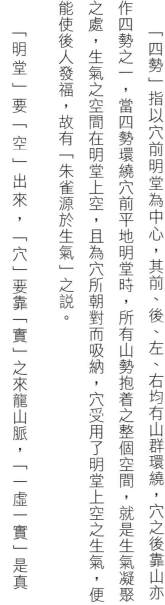

小山丘所佔着，為「氣結」，穴正朝獨立之小山丘，便應後代有墮胎或眼疾之患，穴朝前方生氣，有源源不絕的發旺氣息，若小丘佔據生氣之位，生生不息之氣受阻，故應墮胎或小產。

至於應後人有眼疾，就如前朝或羅城之山，其視線被明堂上之小山丘所阻隔，如俗稱「頂心柱」，穴不能盡見朝山羅城，這是應眼疾之原因。

上例之山丘尅應，亦有例外之處，若穴前遠處之朝山或羅城山脈，在穴前正中間，其羅城之山，拖出一條山脈而生出一小山丘，且正對穴場，但小山丘與遠處羅城山脈相連，在穴場上向前看，穴前平地明堂之空間，未被小山丘所阻隔，故不作「眼疾及墮胎砂」看，可作特朝吉砂看。**《雪心賦》〈卷四〉**（竹林出版社〈卷四〉第二頁）云：

**「一坯土居正穴之前。未可斷為患眼。一小山傍大山之下。未可指為墮胎。或作蟠龍戲珠。或作靈貓捕鼠。」**

這段文字，就是指小山丘與朝山羅城相連，所以作吉砂看。昔日恩師　呂克明先生曾點一地，就是「貍貓戲鼠穴」，穴前案山似老鼠，來龍是橫龍所結吉穴，正是「貍貓」為來龍，後人有一女兒，由小學至中學，均是長跑及短跑高手，所取之獎牌，滿屋盡是，皆是「貍貓」之應。所以風水中之地物尅應，是非常靈驗的，若小心察看，必找出事發之因由。

又昔日恩師在香港元朗麒麟村，與人重修舊墳，穴名「雄鷹拍翼」，甲山庚向，是貪狼大卦，穴前之小山丘，便是眼疾及墮胎砂，恩師取貪狼卦局，用理氣去填補形勢之不足，因是替人重修祖墳，不能將此缺點盡除，故用立向化解之，奈何也！但此墳之來龍是飛鷹之形，且局能收此鷹頭之山，更能出得煞水，是安金地（平安之地），亦不算太壞，所以，地有地之生成，是天生自然，人力而補救之，是有一定程度上之困難，不能勉強！

現時中國南方之地，大大開發，以前所葬下之陰墳，其朝山應山，均因發展而被掘去，甚至被搗毀，而國內之一胎生育計劃，不知有多少胎兒被人工流產而夭折，這些契合，又是否風水上之連鎖效應呢！又或者是「一時也運也」呢！讀者們宜深思之！

寫一偈曰：

明堂閉塞　墮胎眼疾
天光之氣　生氣不入

《本篇完》

## （九）出人邪淫之砂——淫砂斷法口訣

繼大師

風水吉穴上可見之山川形勢，其形狀足可以影響後人之心性，以在穴上得見之砂為準，邪淫之砂，有下列各種，筆者繼大師現解釋如下：

（一）掀裙砂 —— 近穴右前方有護脈山丘，丘頂生出一脈，橫落至穴前中間，脈腳帶微彎而脈尾尖，穴在一平托之上，托下為斜坡，整個形勢，就如同有人伸出一隻手，手在裙底之下，似作邪淫之想，穴托之形，喻作裙衣，穴前丘頂如人之頭，斜出之脈如人之手，名曰「掀裙砂」，又或脈在穴前之左方伸至穴前中間，亦是掀裙砂，主二房出邪淫之人。

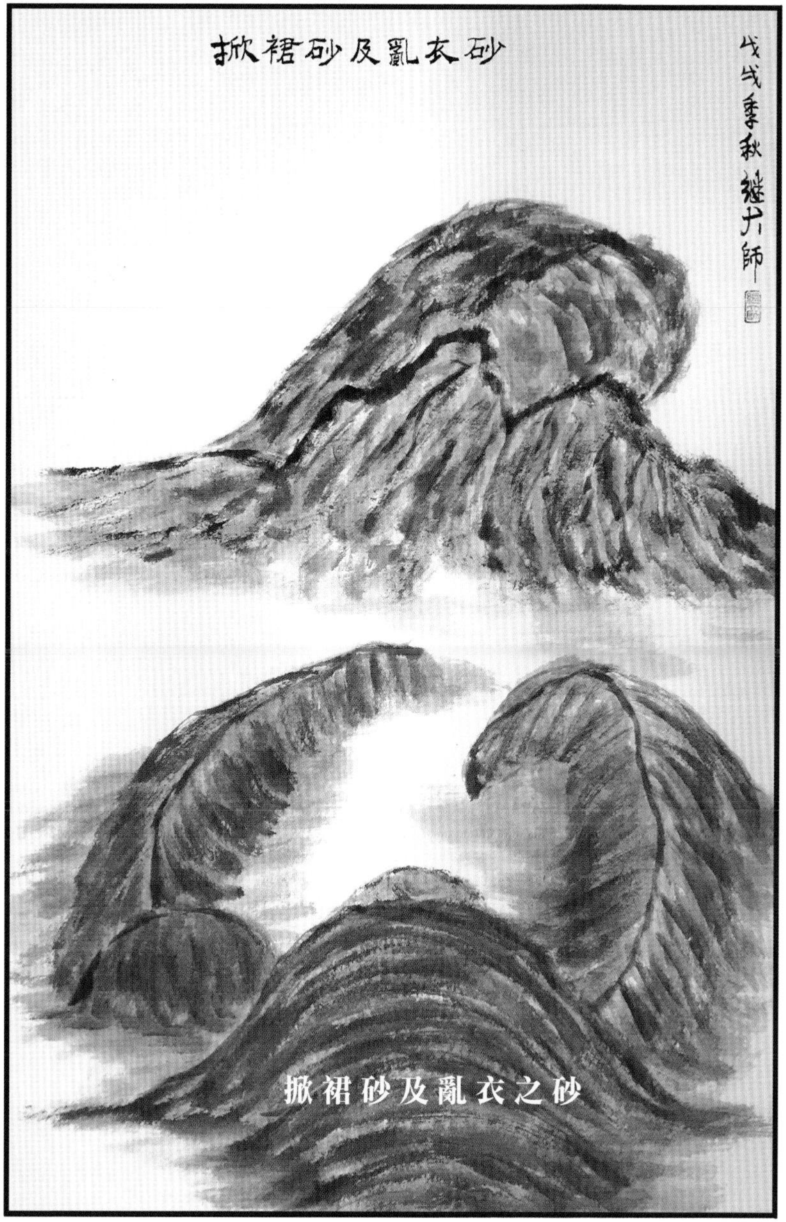

掀裙砂及亂衣之砂

（二）形似亂衣之砂 —— 穴上可見之處，前面左、右、中之地方，有山形如婦人之衫穿得不整齊，如行邪淫完畢後心慌之態，故說山形如「亂衣」，主後代出淫女，或其妻淫亂。**《雪心賦》〈卷四〉**（竹林版〈卷四〉第五頁）有云：

**「形似亂衣。妻必淫。女必妒。」**

孟浩解釋曰：**「山形亂雜如衣裳之亂擲者。則主妻淫女姤。葬書云。形如亂衣姤女淫妻是也。」**（姤音盜，同妒。）

（三）太陰山被水沖破 —— 太陰形之山，即是闊圓金形，像蛾眉形（半月形）之山丘，其中間前面近穴方之平地處，出現直直之流水，水流由穴方沖向蛾眉山丘之中間位置，然後向左或右方，繞過蛾眉山丘，遠離穴場而往蛾眉山之後方去，站在吉穴上可以看見。**《雪心賦》〈卷四〉**云：**「水破太陰。雲雨巫山之輩。」**

孟浩解釋曰：**「言太陰金星被水流破。或坑**（或被坑道流破）**。主出女人淫慾如雲雨巫山之輩。」**

（繼大師註：「巫山，在四川巫山縣東，即巫峽，巴山山脈特起處，有十二峰，峰下有神女廟，**《高唐賦》**有記載楚懷王遊雲夢臺館，望高唐觀，首先，懷王夢與巫山神女相會，神女辭別時說：

**「妾在巫山之陽，高丘之阻。旦為朝雲。暮為行雨，朝朝暮暮，陽臺之下。」**

後人附會，為之塑像立廟，號「朝雲」，今為凝真觀，妙用真人祠，即巫山神女。後世人稱男女幽會為巫山、雲雨、高唐、陽臺，皆出自於此。）

（四）山勢欹斜 —— 在穴場上看見有山群，其形勢歪斜，形狀如飲酒跳舞之人，搖頭擺腦，仿如風流人物，主後代出邪淫之人。《雪心賦》〈卷四〉有云：

**「山欹文曲。風流洛浦之人。」**

孟浩解釋曰：**「文曲水星欹斜搖擺。主出男人淫蕩。如風流洛浦之人也。」**

（繼大師註：「洛」是洛水，「浦」是小河流入江海之入口處，表示風流之人。）

文曲水形星，即山峰是半圓形，有二個或以上之山峰並連而成波浪形，其圓形之丘頂不正，帶歪斜之形，頭似擺動，似淫蕩之人。

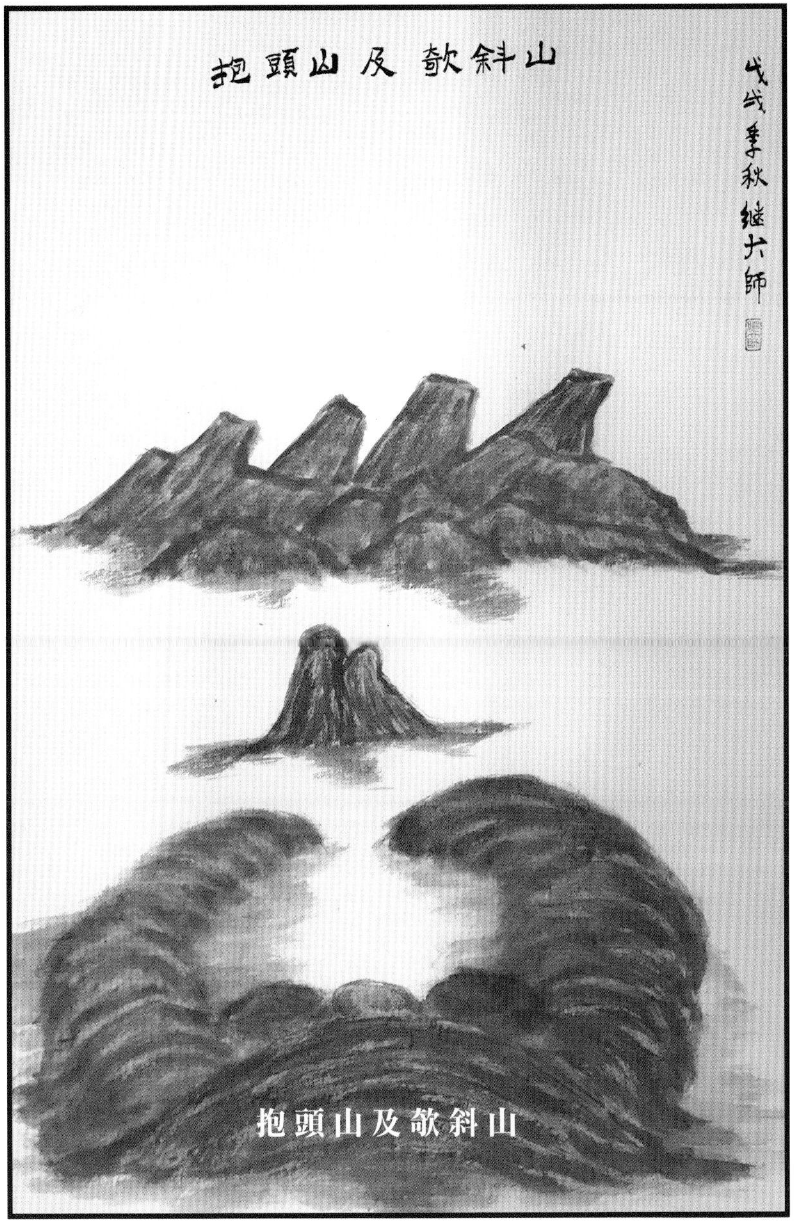

抱頭山及欹斜山

（五）穴前案山外有抱頭山——抱頭山者，如男女相擁抱之狀，即有兩山峰相連，頂圓身聳，兩山相貼者是也。**《雪心賦》〈卷四〉**云：

**「男女淫奔。案外抱頭出現。」**

孟浩註解曰：**「案外有山相抱。猶如人兩相抱頭。必主男女淫亂私奔。斷法云。猶如伸手抱圓毬。婦女愛風流是也。尚有鑽懷並肩。掀裙綰腳之形。俱左淫奔。」**

（綰音挽，把長條形東西盤繞起來打結，又作捲起之意。）

（六）裸女案山——穴前案山橫放，形如躺臥橫放之裸女一樣，雙乳及私處均朝向穴方，主出女人淫賤。筆者繼大師昔日在香港南丫島覓得一吉穴，名「貴妃醉酒」，又名「美女獻瑞」，正是裸女形為案山，形如赤裸裸的女人躺下而朝穴。

（可參看丹青出版社出版 — 繼大師著《大地風水傳奇》第八章 —— 第七十四頁，《貴妃醉酒的傳奇》。）

（七）鵝頭山 —— 穴前有案山或朝山，形如鵝頭及鵝頸之狀，主出人邪淫，以它出現之方位，去審定後代屬何年出生之人，如在午方，則應午年生人，其次是寅、戌之三合年份。

以上七點是一般所應邪淫之山形，這是屬於形勢方面，這必須得隨明師上山親授，傳心傳眼，方能明白。另外，有些是屬於方向、方位及水法之理氣範圍，如「子、

鵝頭山及裸女山

午、卯、酉」水破局，或立向失元，以此為桃花水，這屬於理氣和水流方面之綜合斷法。

另外還有「淋頭水、裹頭水、淫聲水、嗚珂水」，這是屬於形勢上之水法，若要熟習如此多種之斷法，實非易事。故此，風水之學，實無止境，但總以懂得其看法，凡事倍加觀察，多勘察墳穴，並得明師傳授，加上個人努力及經驗，必能找出頭緒，再經時間磨練，定會有成就。

另外還有（第八點）「斜出八字砂」——無論是山脈或是水流，只要在穴前左右，出現有山脈，由穴上向左、右、前方斜出，此稱之為「八字砂」，或「八字水」，「八」字之「窄頭」在近穴之方，闊腳之「八」字在穴前之略遠處。

此種情況下，穴之龍虎砂必是斜開而出，砂、水均斜飛，有此種形之「八」字斜出砂水，主穴之後人，必蔭淫邪之人。

若是陽居，有兩條短路或並排之建築物，由屋門處向前方左右兩傍而斜出，此種路形或建築物排列之形，亦屬於「八」字形，亦主出淫邪之人，此開腳「八」字，如同婦人之兩腿伸開一樣，故主邪淫。

寫一偈曰：

邪淫砂法
智者不惑
理氣砂水
悟者能達

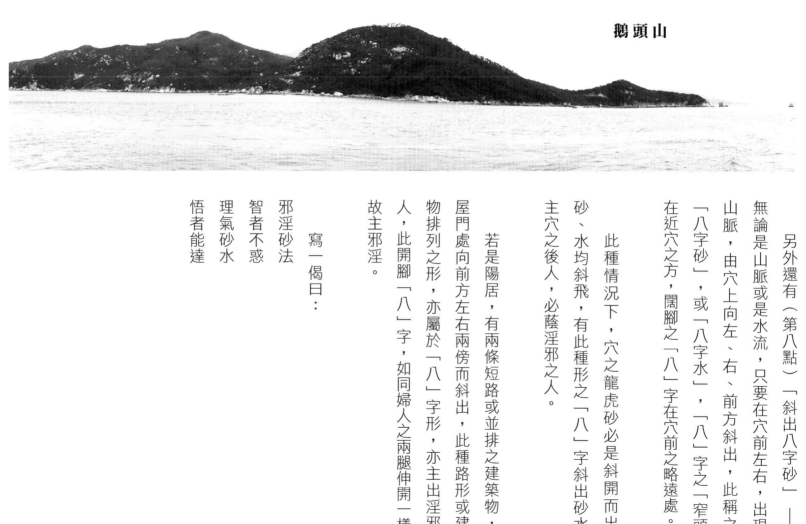

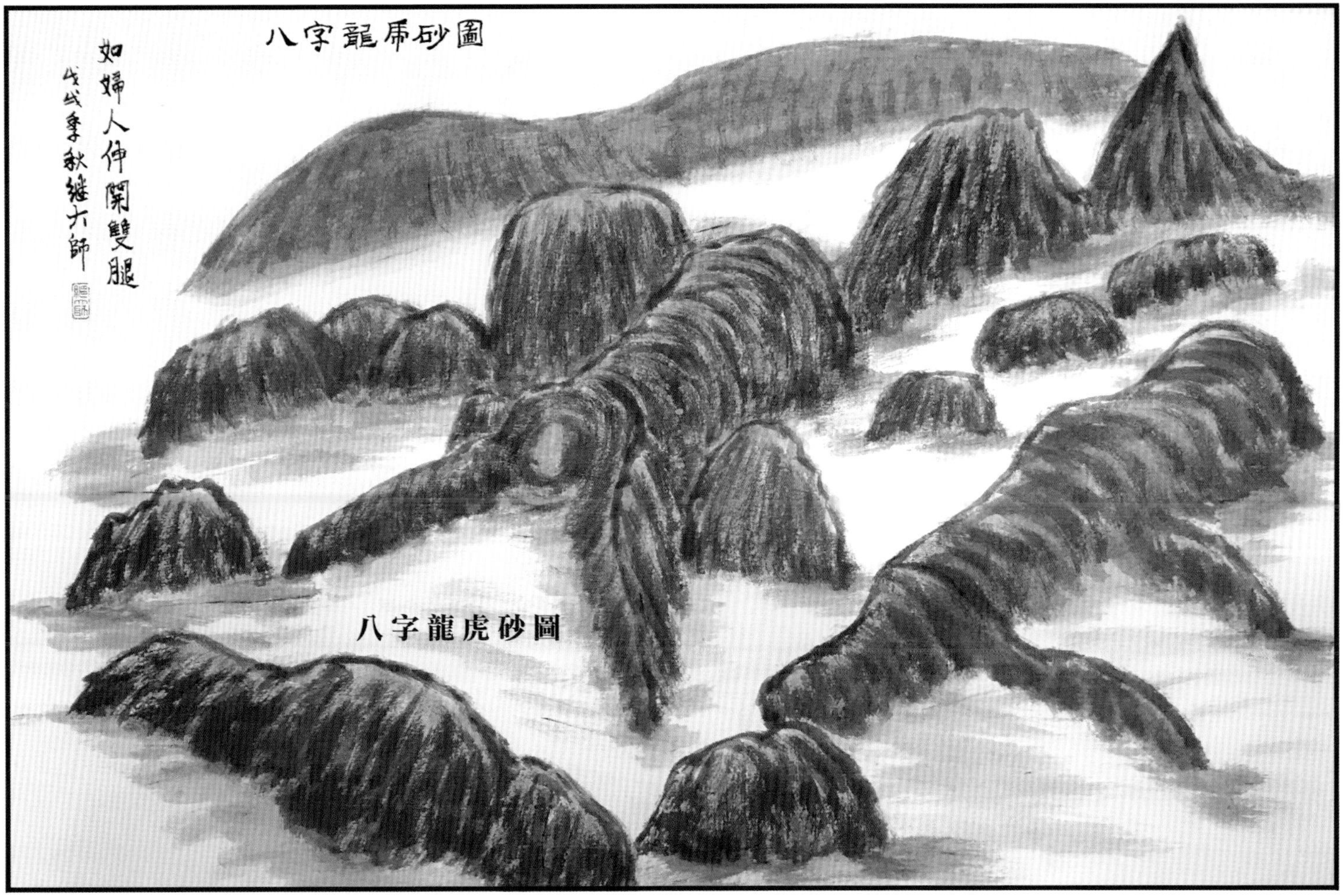
八字龍虎砂圖
如婦人伸開雙腿
戊戌年季秋繼大師
八字龍虎砂圖

《本篇完》

## （十）官貴砂——權貴尅應口訣

繼大師

中國古代風水學，是入世增益之法，卻總離不開權位、名利的追求，得財富者必定要收得逆水，必須要「得水為上」。得權力者，以來龍之長遠及以火形砂為行龍之祖山，以蔭生後人的權力，又以來龍的長度及大小去決定其龍運之長久，所謂出帝皇將相的大地，其來龍必千里而來，護纏之砂亦多，且重重守護，又是火形廉貞山作祖，貴而無敵。

在穴場四週範圍內而在穴上可見到之砂，能影響墳穴後人之吉凶，官貴之砂有多種，這要配合來龍的貴賤，以穴之後靠照星而論，穴後正靠木形星，它是身聳而頂圓頭略闊，或小凸、略平、略尖不等，木形主貴及秀氣，有「原則性」的性格，屬文筆砂，主應文章出眾。

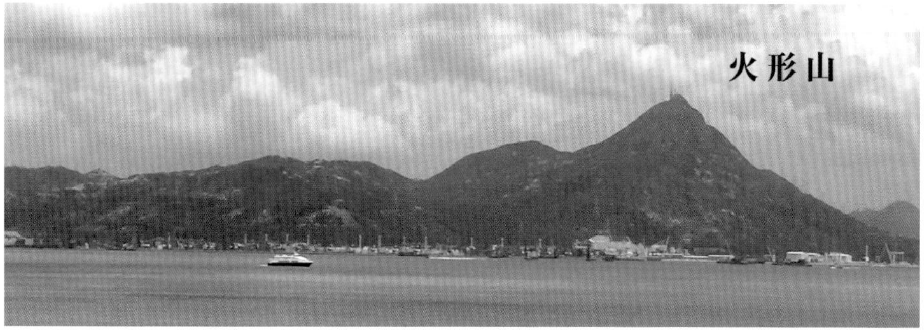


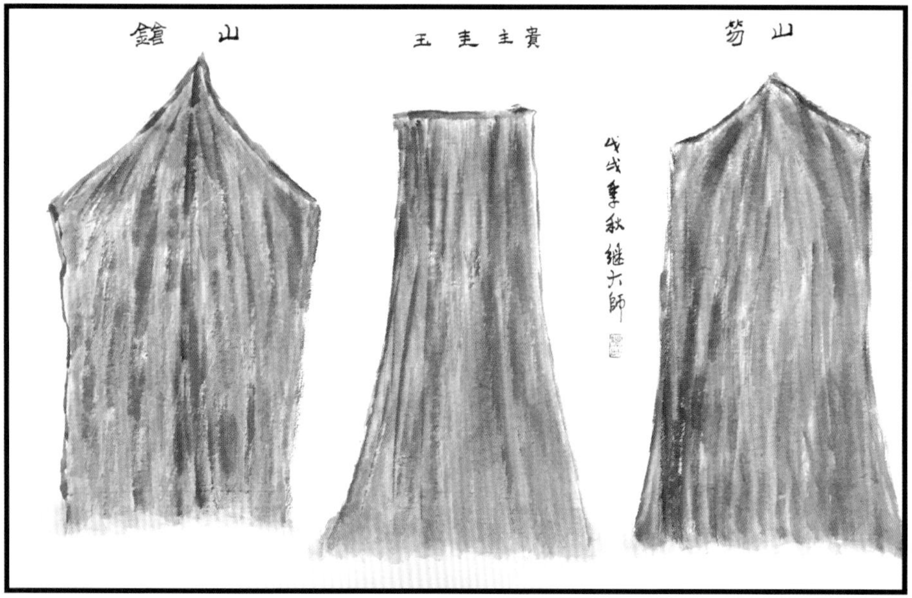

試觀古今官場中，必定以讀書人為骨幹，以成績及學歷之高低為官場入職之條件，故寫得一手好文章，及說得一口流利外語（英語、法語、德語等。），是做官之技能，不單只是文學，如科學、醫學、法律、政治、經濟等學問，能考得高級之學位，如學士、碩士、博士等，皆是為官之首要條件。

除風水穴場的後方靠山外，在穴四週所出現之木形文筆峰，皆可以輔蔭出文人雅士，不過以穴之「正靠」及穴前之「正朝」山峰，其尅應最為直接，因為穴之朝向，皆有其元運，正朝文筆貴峰的位置，是正收，穴上可見之貴峰，是兼收，這均是收山出煞之口訣。

穴之父母星辰，在遠方觀看，若是火形尖頂山峰，本來火形尖頂星峰不結穴，但若在穴上向後方觀看，其頂略尖而帶圓頭，且是木節形頂部，腰間有橫長的山脈向左

右伸出，兩傍微向下彎，穴上向後方望去，就像一頂古時清代之皇爺帽子，這是「官貴帽砂」，主應出高官，是富貴之砂。

這種尖頂木火形星，並非凶砂，是少數木火形星結穴中少有之吉砂，這要視乎地師之眼力。筆者繼大師曾在香港粉嶺某村莊見過此等火形星之吉穴，可惜穴位被錯點，造葬不正確，墓中人是王姓，在民初曾蔭生一位帶領百多人的賊頭，到處打劫，後遭圍剿，伏法而亡。

第二種文筆砂或筆架砂，亦主出文人，以透天文筆峰為穴之正朝，四週又有矮小山丘環繞文筆峰，主出大文豪及高官，足以影響後世。若穴前正朝有筆架峰橫放，且有三層筆架，穴上皆可看見，必定出一級狀元，聰明絕頂之材，已致能當上高官之位。

亦有倒地眠式的文筆砂，在穴前左或右方的平地上出現有文筆形水池，筆由外橫向穴前，筆尖水池與穴前中央的圓形水池相連，此為之倒地文筆及硯池，所有之文筆峰、筆架峰、硯池、進田筆、訟師筆等砂，均應出文官為主。

第三種砂，以火形山所組成之旗砂為主，穴上見前方有旗砂，或來龍是旗砂來龍，到穴後到頭一節生出小木形星，稱之為紫氣，穴結木星丘之下，亦是主出武將之材，再者，其來龍形像將軍雄姿，或手中按劍，若有結穴，定出護國大將軍，或山形像武士，頭穿鐵甲，亦應武將，這亦是官貴之砂。另外明堂外之山似屯軍（軍隊之帳幕）亦主出大將武官。

第四種砂，以穴上正朝之砂，其形高聳，身長而窄，頂平，形如笏，像古時文官朝皇帝所用之笏，主應高級文官近帝皇。又有一種砂正朝吉穴，頂中間平闊，兩端略高出而作圓金頂形，稱為「誥軸」，若中間之闊度很大，為「展誥砂」，為出文官之貴砂。

第五種官貴砂，穴之正朝是馬鞍形，或是天馬砂，而馬鞍之外，其中間處有一高聳或闊腳之山峰出現，總要端正朝穴，為案外貴人砂，稱為「馬上貴人」，貴人峰高而馬鞍砂低，主出將領之材，若貴人峰只能在馬鞍上見少許，而馬鞍高，貴人低，只應出走卒，出低級的士兵，若出現在空亡方位上，會出盜賊。

另外，有山如「倉庫、金箱、寶物」等，主人富有，而山肥則人肥，山瘦則人瘦，山清人秀，山濁人濁，山粗人頑，山惡人惡，山水有情則出人友善，山斜人邪，水深人富，水淺人貧，水濁人愚，水清人聰明，此乃山川地物而影響居住之人，為「人傑地靈」，互為因果。

又有砂物如葫蘆而出醫生，若葫蘆砂破碎，主出黃綠或蒙古醫生，會醫死人，砂如拍板，主出戲子，總之山形如人形，山情如人之性格，物以類聚。

若有砂物不吉，作穴時，古人有用「喝穴之名」，去壓制地之凶砂，為「喝形以制凶砂」之說，例如卜應天著《雪心賦》云：

**「鎗本凶器。遇武士以為奇。浮屍固不詳。遇群鴉而反吉。」**

若穴是真結，前有鎗劍等利器出現，穴可名「將軍按劍」等，若穴前有砂物像浮屍之形，穴或似鳥形，則可喝穴名「群鴉嚼屍」，以穴名去壓制穴場附近之凶砂。昔日恩師　呂克明先師在元朗石湖圍為文氏一族點地重修祖墳，呂師見前面堂局之小砂丘太散蕩，故喝形為「仙人奕棋」，以此壓制前堂之散砂，這是砂法之另類學問。

綜合以上所說，官貴之砂尤多，總以形正、端的、有情為主，這有情貴砂，其分辨在於明師之傳授，眼力加上累積的經驗，為求在判斷上準確，故隨明師學得砂法後，再到古墳上引証，或到砂物現場的村落作明查暗訪，必然能找出其根由。

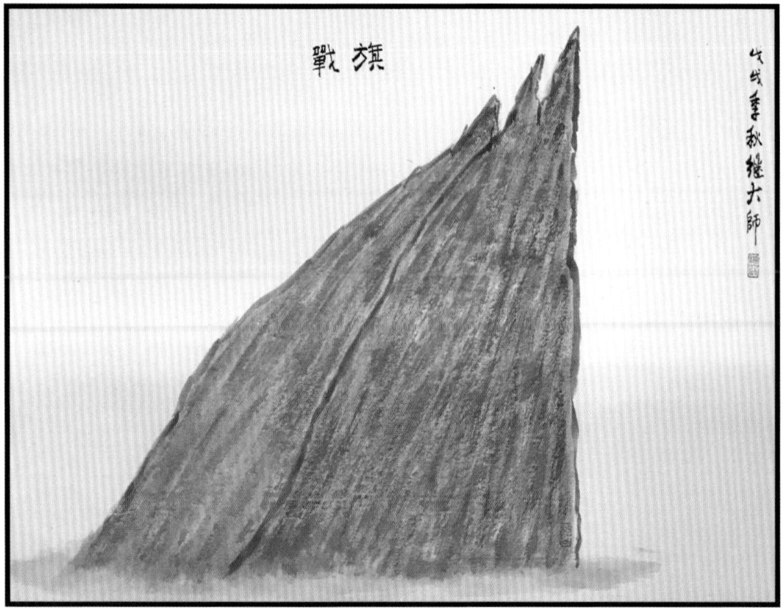
戰旗
戊戌季秋繼大師

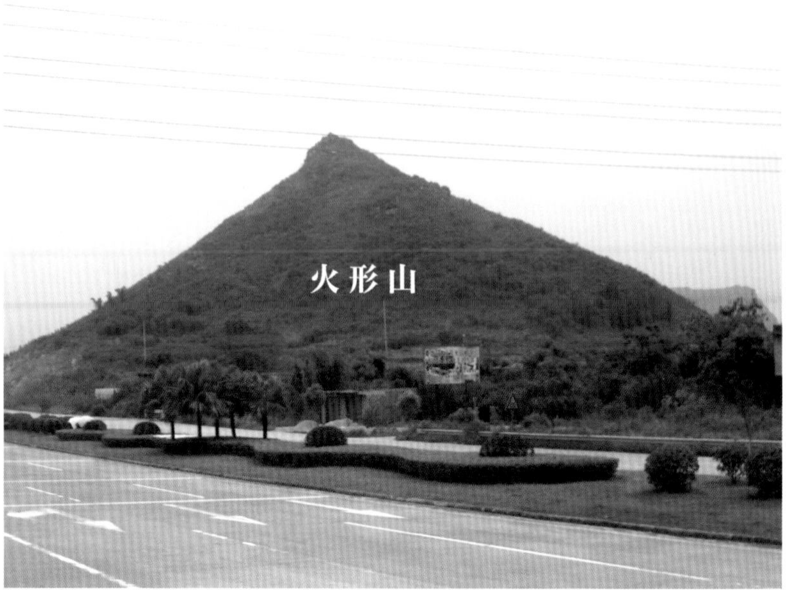
火形山

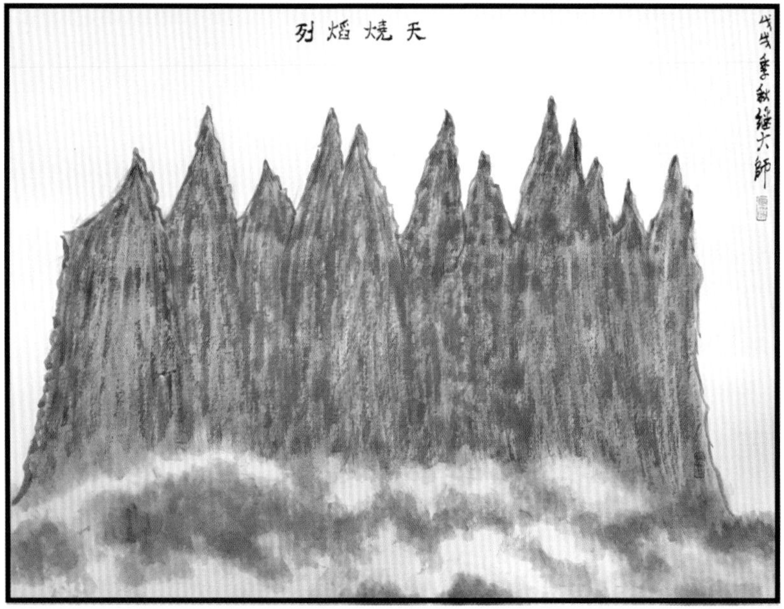
烈焰燒天
戊戌季秋繼大師

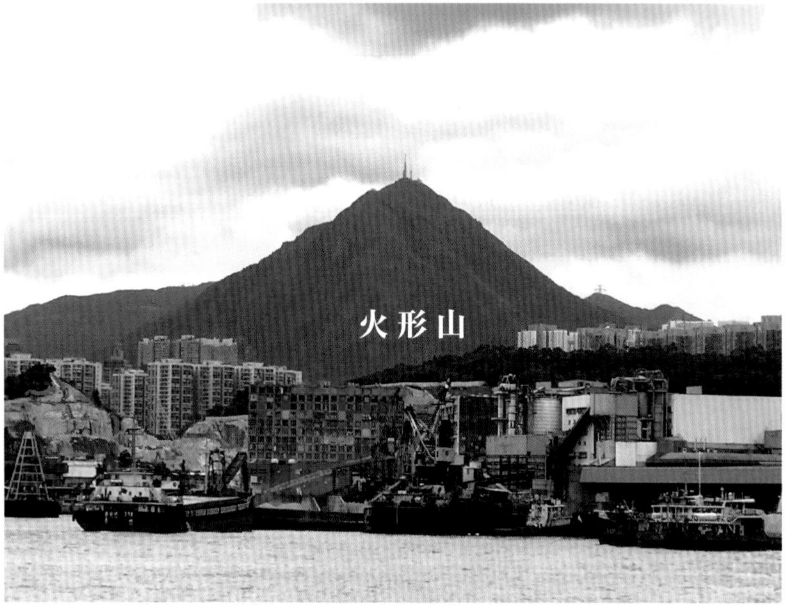
火形山

昔日筆者繼大師曾到一地，其山峰特圓，南方之太陽金星作靠，其村中之人，其面部頭部均圓沱沱，像此太陽金星之靠山一像，且人多長壽，因為太陽金星峰正位於南方長壽位之故，考察愈多，則驗証愈多，這官貴之砂，亦可多多考察，以達求真驗也。

寫一偈曰：

官貴吉砂<br>
形正端的<br>
文人學士<br>
歷史光華

《本篇完》

## （十二）離鄉砂五種

繼大師

風水以龍、穴之法為主，砂、水之法為輔，向法可歸入造葬法內，有些龍穴是真，但穴前有凶砂或惡水相纏，這是穴之瑕疵，有時砂法之瑕疵，是可以接受的，就如「離鄉砂」一，顧名思義，離鄉砂是主所葬的後人到外地發跡，離鄉別井而生活。

離鄉砂有很多種，一般以穴之左右龍虎二脈最直接影響後人，如龍虎二脈直出，沒有屈曲，愈長去則愈凶，穴之左方山脈直出，主應大房子孫離鄉發跡，右方山脈則應三房離鄉，脈正而直且離穴，是為順水砂。

穴之左右脈內側與平地之間，是雨水流出之處，故砂與水是相同的，若左右二脈直出而離穴不遠，有朝山或案山橫截，主應二代或三代而回流，這要視乎明堂之深遠而定，所謂：**「一代明堂二代穴。三代來龍節節高。」**

這主明堂應在第一代，穴應在第二代，穴後之來龍，以每節計，為「一節一代」，故來龍愈長，發旺之年代愈久。若穴之龍虎二砂直長而出，則所應後代離鄉愈久，除了穴前方一層山應一代之外，穴之青龍（左）、白虎（右）若有多層山作護砂，亦是如此，這是房份尅應斷法之一。

第二種龍虎砂，其出現背向穴方，形勢反弓無情，主後人不顧祖宗，左主大房，右主三房，「反弓」又名「反手」，亦主離鄉不顧祖，嚴重一些，就是帶給父母祖先一些麻煩。筆者繼大師曾勘察一穴，辛山乙向，其白虎右方（壬、癸方）有水流反弓而走離穴場，後代第三房子孫因不小心駕車，引致撞死小孩，連累父母兄弟，後來賠了一大筆錢，事件始得解決。反弓之離鄉砂，又主後代遠離父母祖宗到外地發展而不還鄉，是無情之砂。

曾見有一龍虎之砂，穴結在山腰之間，青龍砂直出而往山腳去，當到平地時，龍砂之端突然反手而向外屈出少許，反手無情，但較全條山脈反手者為佳，主應大房中年或過了中年始離鄉他去，及不顧祖宗。約十多年後，筆者繼大師再度勘察，其青龍砂之反手末端被剷平，且建有村屋，無意之間，砂手變得有情，真是始料不及。

若同一條龍脈上，結有二穴，一上一下，同一後靠、案山、朝山及明堂等，雖然同屬一龍虎砂，在高結之穴地向前看，其龍虎二砂之形狀，有反弓之勢，因地點稍高，往下看去，便見反手，若在低結之穴上向前看，其龍虎二砂，便順弓抱着穴場；高低位置不同，反弓及順弓之龍虎砂是同一條脈，視覺不同，就有分別了。

## 若明堂廣闊沒有朝山 - 主離鄉

筆者繼大師曾見在梅縣李光耀祖墳及在其龍脈上方之穴，為一脈二結，李氏穴前見順弓之青龍砂，上方所結之穴，則見反手，主應後人離鄉，而剛好李氏祖墳前方有一韓江順弓江水界抱，明堂稍深，前朝四層山來朝，正收逆水，而對面韓江江水之朝山與穴前龍虎砂之間，有平地空間作明堂，主後代離鄉而發貴。

用砂法去配合穴法，在判斷其剋應上，則較為準確一些，但是加上遠祖及近祖，墳是否得真結，又是一個問題，陽居又是否結地！這種種原因，都是判斷事情之關鍵因素，故看離鄉砂，是要配合後代之代數，方為準確一些。

第三種離鄉砂是較為特別，若有結穴之地，面前欠缺案山，只有龍虎二砂抱着內明堂，穴結位置稍高，前方外堂一片平地，且非常廣闊，至三四十公里外，始有山群作朝山，或在更遠地方始有山關欄，這種穴地是先旺，到第二或第三代，行至外明堂之運，便會移民。

由於全是平地，平地又在穴前龍虎二砂之外，平地左右沒有山脈關攔，故一片空蕩，遠處雖有朝山，但在一大片平地上，水氣全部流走，水走則人走，故主後人在第二、三代之後，便離鄉別井發展而去，若極遠處之山群貴而秀麗，均主離鄉而貴，發跡他方去也。

有一種穴，完全與上述穴形之地勢相同，但稍為多了一樣砂物，就是在龍虎砂之外近處中間地方，出現一矮而橫放之案山，雖是穴前之正朝案山，但案山低而無力，水氣往前慢慢流失，亦主後人離鄉，但代數可能推後至第三代而應，此稱為「掃腳離鄉」。

又有一種離鄉砂，穴前龍虎砂之外，見有類似動物的砂物，尾近穴，頭在外，無論像什麼動物，在穴上觀看，總是有走離穴場之勢，亦主二房離鄉而不顧祖宗。昔日吾師 呂克明先生曾教授一穴，是「馬孔穴」，由呂師安碑定針立向，穴葬在馬頭之鼻孔處，在洲頭後方的香港邊界近深圳處，其側旁有「飛馬搖鈴穴」，在馬孔穴上向前看，見前方略右方明堂上，有一隻像大海龜的山脈，背穴而游走，均是離鄉砂，主應二、三房到異鄉發展。

第五種離鄉砂剛好與第三種離鄉砂相反，就是在結穴地上，只有父母星丘出現，是獨立的父母星，其後方是一大片平地，地大而空曠，穴是橫龍結穴，脈從右或左方而來，穴星後方之一大片平地上，經過三四十至百公里不等，始有高山大嶺橫放作穴之遠靠，後宮闊蕩，主後代離鄉發跡，亦主近代後代不長壽，遠代或三、四代至七、八代不等始長壽，因遠處後方始有高山作靠。

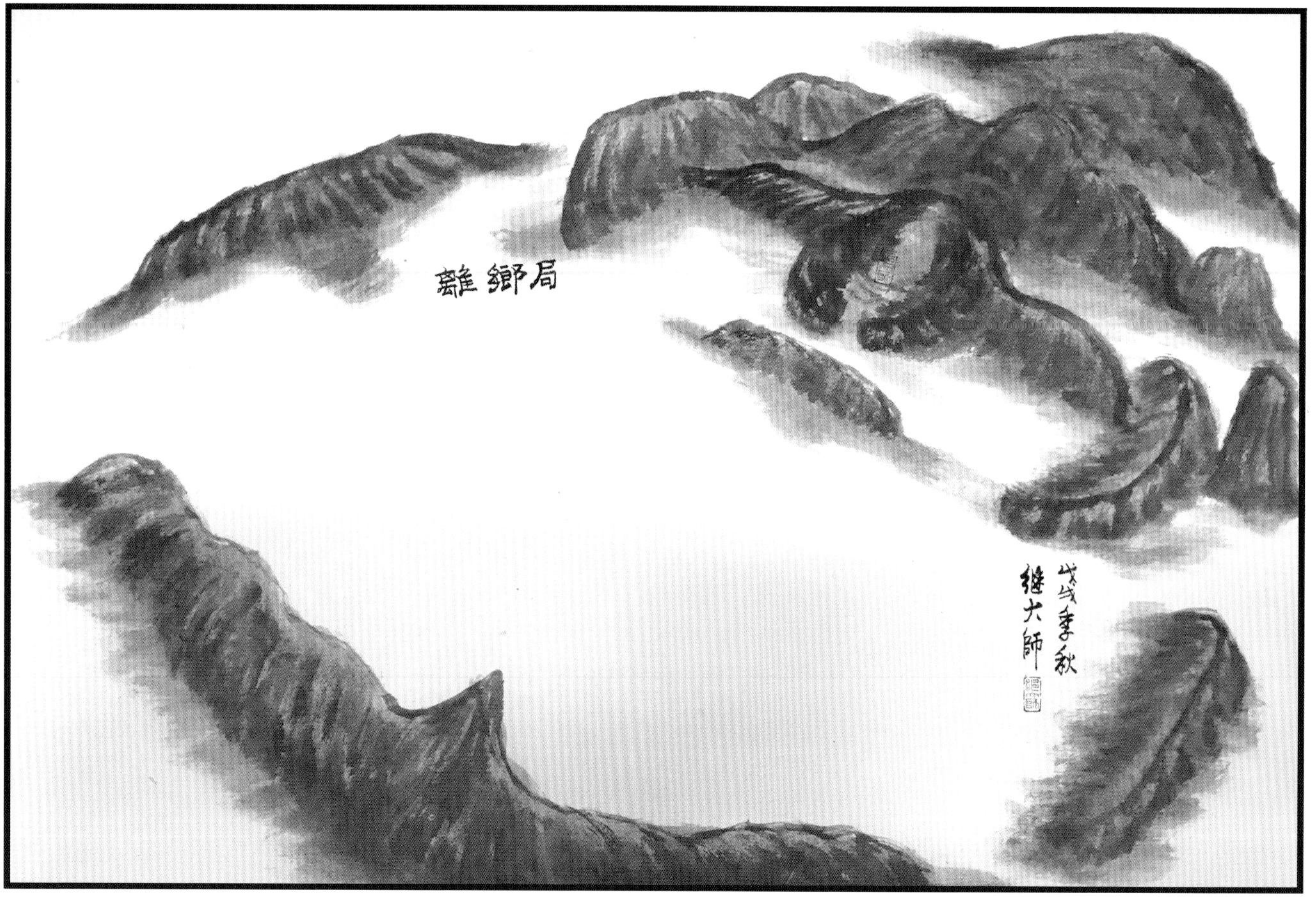


以上大概五種離鄉砂，而砂法亦需要配合大時代的趨勢而離鄉，如政局動蕩、內戰、外邦入侵、地震、天災人禍等，亦會觸發逃亡潮，又或在家鄉找不到生計，必須向外地發展始能維生，即如在中國廣東省潮洲地方，他們在習慣上，把祖先之祖墳，其左右手作反弓形之墳式，這是在造葬上之形勢作出反手形狀，剛好在潮洲，往往其後代子孫大量移民到東南亞及世界各地，這剛好相應了他們習慣上所使用的墳式，這是另類離鄉砂之一種。

綜合以上所論，總之墳式或在墳上可見處或不見處，有出現反弓、反手或走離穴墳之砂物，或有大片空曠平地，有水流流走者，主離鄉。筆者繼大師曾到深圳大鵬灣彭城古城處考察，在近七娘山黃嶺村之一處，村內有一水流，屈曲經過村內而流出大海，約在八十年代間，村民把屈曲的水流修改成直出的水流，屈曲之水流變成直直的，其結果真是奇怪，水流在修改後不到半年，竟然全村在同一時間內

離鄉堂局

，大部份年輕人到了香港或外地生活，沒有人留下，這水流修成直的，便是水走人走，變成離鄉砂或離鄉水，這個真實的個案，非常經典，並非迷信，故水流之改動，宜小心處理。

寫一偈曰：

砂反水走
後代不留
砂疊遠抱
遲發不愁

《本篇完》

繼大師

## （十二）仙人砂及僧道砂

大凡行龍之脈，本身沒有肢爪，或左右沒有護纏之脈，是謂之「孤獨龍頭」，此龍若有結穴，一般人不敢取用，因為孤寡之龍會蔭生出家僧道之人，若穴之四週，在可見的範圍內，在「辰、戌、丑、未」方（羅盤廿四方位），出現有孤獨山峰，其峰頂尖，如頂笠，像僧人之帽子。

又或有砂如鉢盂，僧人之托鉢，或有砂如錫杖（僧人之禪仗），或有砂如僧鞋、香爐（多是香爐案山），或有案山如「木魚、鐘、鼓」等，或有砂如僧衲之衣，這種砂，均是出僧道之人，廟宇若前方正收此等砂物，均能出高僧大德，如香港元朗藍地妙法寺及大嶼山羌山觀音寺，兩寺之正前方，均出現有木魚形之砂，適宜建廟。

在三元六十四卦之羅盤方位上，凡是小空亡線，均是出孤寡之人，空亡線度，可分四種，茲列如下：

（一）四正四隅線度，是為黃泉八大煞，子午正線只可用於出家僧尼的廟宇上（但筆者繼大師還是不敢使用），一般陽居不能用。

（二）三合家羅盤廿四山中之兩山交界線，如：「甲寅、庚申 ……」，此煞僅次於黃泉八煞，是第二煞。

（三）元空雙山雙向線位，口訣為「一六四九雙雙起」，此等亦是小空亡線，有三元地師將此種線度誤作雙山雙向，真是大謬矣！

（四）元空相同陰陽線位，是為輕微煞位，這當中又分同元及失元的陰陽二煞，此煞線為空亡中最輕微。

以上凡立上第三及第四種小空亡線度，均是孤寡線，主後代子孫不欲結婚，或是拍拖也會分手收場，或是同居而不註冊及不生小孩，或有出家修行之意欲，這是以方位而論，若配上巒頭凶煞，不只孤寡，還會夭折，或會短壽，或英年早逝等。凡立此種向度皆不宜，無論陰陽二宅，犯此小空亡煞，均會孤寡或短壽。

在砂法之中，有等象砂（形似大象），亦出僧道，又有多個相連的圓墩砂，形似佛珠，亦出僧人，若砂似僧鞋、僧帽等，亦可出僧人，大抵上穴之四週，像僧人之衣物及用具，均是出僧人之條件，是為物以類聚。**《雪心賦》〈卷四〉**（竹林出版社〈卷四〉第三頁）云：**「有子出家。定是水衝城腳。」**

孟浩在註解中云：**「有子出家而為僧道。定是穴無餘氣。龍虎短縮。內堂無砂遮欄。以致外來大水衝城割腳。故腳不牢而至於出家也。」**

這原理是穴前平托淺，而不能留着穴脈之餘氣，而龍虎雖包過穴前明堂，但因穴位結得高，龍虎二砂及內明堂短淺，而龍虎砂外，在穴之下方是一大片平地，遠處始有高山來朝，穴下方之一大片空曠平地，是風來風去，穴是高結，故外氣蕩而致孤寡，故出僧道之人，若穴是陽居結地，適宜建廟。

至於出仙人之地，首先其來龍之

形態，其山脈像飛鳥，仙鶴等形，如張紫瓊真人祖地是飛鳥形，若有砂物如「葫蘆、劍形、塵拂、印台、鶴、琴、文筆」等形，亦主出仙人，是修練出世間神仙之方術，外修「山、醫、命、卜、相」之五術、以此救世。

另外還有一種地穴，其穴結在山之顛，四週有山群團團圍繞，形如蓮花，均出神仙佛子，如張天師祖地，是張子房自卜之神仙穴，名「雲中仙座」，**《地理人子須知》**（乾坤出版社內第三二三頁）有云：

**「經曰。神仙之地。勢如疊雲。四山擁從。如雲也。張子房自卜壽藏在徐州子房山。乃中條分幹。結騎龍穴。有九重朝案。次第層層。成上天梯路。四面環繞。如人坐雲端。呂梁洪**（指呂梁山）**乃其水口山。有子房廟亦靈感。」**

張天師乃張子房之第八代孫，相傳是這「雲中仙座穴」所蔭，及至今七十多代天師，亦是其地靈之力，是高山結穴之蓮花地。而西藏黃教教主宗哈巴大師，其出生地之地形，像一朵怒放的蓮花，故出教主、大師及高僧。香港大嶼山昂坪寶蓮寺山門入口處，有一高峰，形如大象，亦主出僧道。

其實，穴地之孤與否，是看穴地位置之高低，及界水之深淺而定，前面外堂在於極低處，則穴必高結，故凡是山頂結地，即是騎龍穴，其孤者是出元首，或是高高在上，一人之下，萬人之上，故皇帝有「孤家寡人」之稱呼，是大貴之地，亦是孤獨之地。

地之高結，不是出「位高權重」之人，便是出「出家修行人」，或出「修仙之人」，均屬同一類之地靈，筆者繼大師曾堪察一穴，是山崗頂結地，五炁朝元，地氣從地底而昇出，正是道教廟觀，正合修行人在此作出世之修練，得此地靈之氣，他日必騎鶴登仙。

寫一偈曰：

仙佛聖物
砂聚環繞
高結穴地
必出仙佛

《本篇完》

## （十三）採頭砂的看法

繼大師

在香港新界粉嶺流水響地方附近，有一間士多啤梨（Strawberry）種植場，每逢夏天假日，均有很多旅遊巴士，運送大量旅客到來採摘士多啤梨，種植場有兩塊田，採摘後計算重量然後付錢，生意不錯。

種植的村民在三間平房屋內居住，背靠一金木形潤腳的山峰，非常有情，接近正靠山峰之下，白虎方是背靠金形山峰的右手的餘脈，其青龍砂兜出，正是屋子的下關砂，攔截兜收前方來的水氣，前面有一溪水，從前面左方田邊灣環而來，繞過屋子左面而往後方去，屋門逆收來水，此處是整個小垣局中最窄的地方，是屬於水口砂結逆局之地，通常是適合建造廟宇的好地方。

另一間屋子的前方青龍處有一山峰，有情相照，正前方有三層高聳的遠山來朝，兩塊種植士多啤梨的平田，正是這屋子前方的明堂，平田級級而下，是為「迎風接氣」格，正符合標準的吉祥風水格局。

筆者繼大師在屋子圍門前方略右處，見有一石屎造的小路徑，正朝向前方潤圓頭金形山峰，後方又是山嶺大幛，本來是非常有情的，但在細心察看之下，發覺緊貼此圓頭金形山峰的背後，再出現一峰，其峰頂露出少許，覆蓋整個潤圓山峰範圍，類似整個山峰頂上的陰影，這種形勢，正是風水學上中的「探頭砂」。

在唐、卜應天著《雪心賦》〈卷四〉（竹林書局發行〈卷四〉第三頁）云：

**「探頭側面。代有穿窬。」**

前方明堂及朝山

前方之青龍砂

探頭砂
峰頂背後的探頭朝山

孟浩註解云：**「山外有山微露頂者謂之探頭。側露者謂之側面。……主世出穿牆窬穴之盜。」**意思是在穴地前方可見的範圍內，出現探頭砂，主出小偷之人。

若是屋子前方沒有探頭朝山，相信一早已是神廟的地方，雖然是收逆水，但一個小小的缺陷，會帶來住者有麻煩。

數年後筆者偶然經過此地，發現此村屋朝山之頂部，樹木長高了，竟然把探頭之山遮蓋着，探頭山不見了，風水變得非常吉祥。

最初筆者繼大師隨恩師　呂克明先生學習探頭砂時，以為凡是有山，突出於朝山或羅城山群的背後，就是探頭砂，後經呂師解釋清楚，原來探頭砂，並非凡在穴上可見的範圍內，山外有山突出來就是探頭，真正的是：

**「山外只有少許山突出，如眼眉毛那麼厚就是，濶度範圍則不論。」**

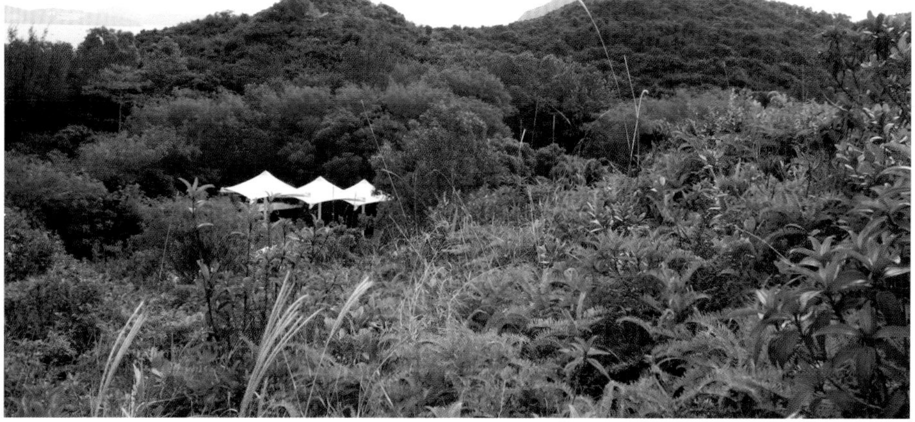

探頭砂

事實上，每一處穴位或得山形地勢（巒頭）所包裹著的地方，都會出現一些瑕疵，這是正常的。相反，完全沒有瑕疵而一切都是完美的穴地，筆者繼大師從未見過，只要是小瑕疵，可以用人工修改的，穴就可以使用，若有大缺陷，不能補救的，就只好放棄。

現今懂得風水的人，多數追求完美的穴地，風水點地最難之處，就是一塊不經起眼的地方，加上立向正確，就能夠大發富貴。筆者繼大師曾經在南丫島洪聖爺灣勘察一穴，在一路旁山坡之下，完全不起眼的地方，人們以為是胡亂下葬，有一垃圾站剛好建於穴地之白虎方側邊，穴之後人認為不好，於二〇一五年（乙未）用百多萬元把它遷徙到他方去。

其實，點此穴之地師，點地功夫水準非常高，雖然穴並非真結之穴，是屬於水口砂作穴，逆收前朝羅城中間特朝山峰，挨着青龍脈氣，青龍碑亦收峰，又得白虎遠方的橫長山脈作夾耳砂護穴，要細心勘察才能看出，各種形勢齊備，後代發富，且得聲名，棄之則甚為可惜！若設法和政府相討，把垃圾站搬離稍遠的地方則可。

穴位之點取，就是脈氣集中之處，再看四週形勢，若見前方有探頭砂，是一大缺點，棄之可也，有人認為先發達再算，不理會是否光彩，那麼就要衡量一下了。

《本篇完》

## （十四）文筆峰、筆架峰的種類及剋應

繼大師

山崗龍之砂法中有木形、火形及木火形合體的山峰，獨立的峰巒，形成了不同的文筆峰，若不以木形、火形及木火形的行龍山峰而論，純粹以穴上可見的範圍內，出現的文筆峰，以穴上可見為準，有木形筆、火形筆、木火形筆、火木形筆、濶火形筆、窄火形筆、歪斜火形筆、筆頭開叉火形筆……這些都是屬於文筆峰的範圍，可以為穴之朝山，若穴立向收之，則出不同類型的文人雅士官貴。

文筆峰則有：

**「狀元筆，宰相筆，透天文筆，畫筆**（丹青筆）**，珥筆**（珥筆即訟師筆）**，法師筆，和尚筆，罵天筆，三公筆，彩鳳筆，筆陣，鬥訟筆，進田筆，退田筆，蘸池筆，倒地木星**（橫長案山為「一字文筆」）。

「一字橫案」包括：蛾眉文星、福壽文星、清貴文星、駁雜文星、帶福文星、帶曜文星、一字文星、金箱文星、玉圭文星、柱笏文星、折脚文星等。」

筆者繼大師現解釋如下：

（一）狀元筆 —— 穴前朝山出現一個平土山，山後正中間出現一個火形山，尖頂

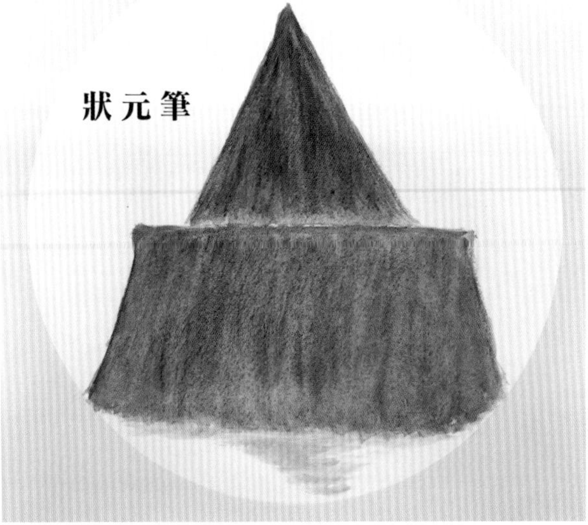

山峰與平土山均同在一中軸綫上，四週有較矮的山峰環繞，在穴上看去，整體高度在額與鼻之間，兩峰重疊，一高一低，非常端正有情。

另外，穴前出現有三層筆架山，正對穴場，遠高近低，層層可見，亦是狀元筆架山。

（二）宰相筆——穴前朝山亦是出現一個平土山，山後出現一個火形山，尖頂山峰出現在平土山之左方或右方處，並非在平土山中間之上，但兩峰端正，與狀元筆相差小許。

（三）透天文筆——穴前很遠處，出現一端正巨大的火形尖峰朝山，均等對稱，正對穴方，有很多細小山峰在四週環繞，以此巨大端正的文筆峰為中心，主出後人聰明如孔子，影響後世，如宋代國師吳景鸞先生卜葬朱文敏公，後出朱熹夫子，就是這種「透天文筆」峰作朝山的庇蔭。

（四）畫筆——又名「丹青筆」，穴前朝山亦是尖頂之文筆峰，但峰身端正，頂不甚尖，或有少許「開叉」，或峰頂是雙尖或尖略帶圓，雙峰並列，大小均等，或頭尖圓，主出畫家，或出著作藝術技能文章的人。

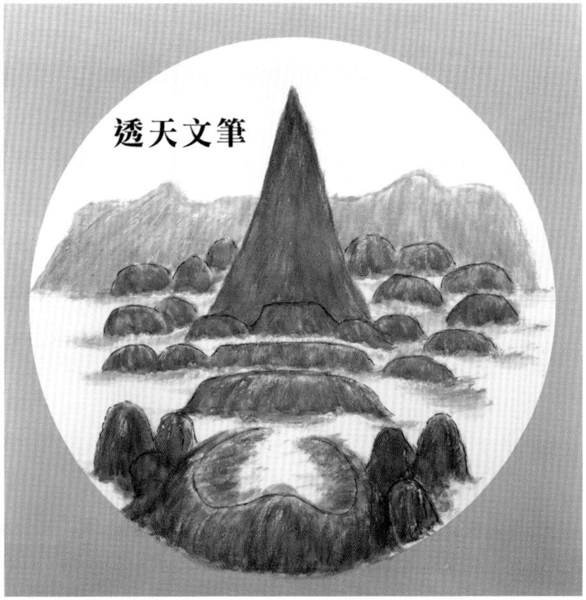


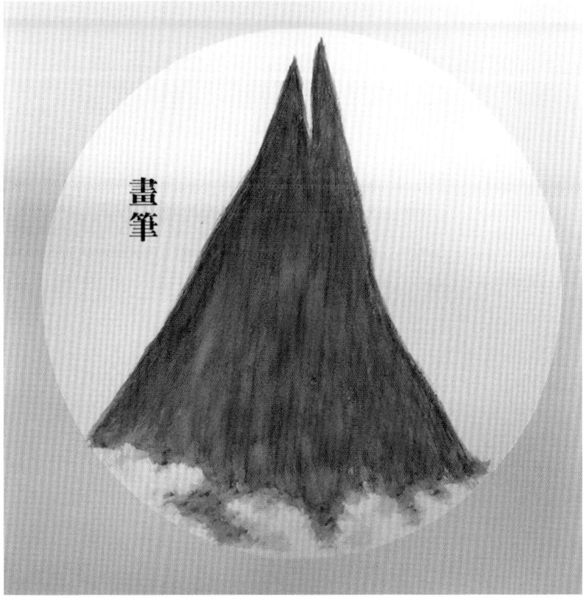

**《地理啖蔗錄》**清、袁守定著，（武陵出版社內第177頁）云：**「尖秀欹斜。而開叉。兩尖相等。不邊高邊低者。謂之畫筆。主出畫工。」**

（五）珥筆 —— 珥筆即「訟師筆」，珥 — 音「利」或「以」，中國古代史官、諫官入朝插筆于冠側，以便隨時紀錄及寫作。穴前朝山亦是尖頂之文筆峰，峰身端正，頂生出有兩小尖峰，一高一低，欹斜、尖削、開叉是也。

**《地理啖蔗錄》**清、袁守定著，（武陵出版社內第177頁）云：**「筆山。頭分兩尖。邊高邊低。欹斜尖削。如鼻鑷一般。**（鑷 — 音聶，夾取鼻毛之夾子。）**謂之珥筆。主出訟師。**（現代人稱律師）**」**

（六）罵天筆 —— 穴前朝山亦是尖頂之文筆峰，文筆峰開叉又帶歪斜，不正之峰是也。主出人沒有功名，時常怨天尤人，罵天罵地。

**《地理啖蔗錄》**清、袁守定著，（武陵出版社內第177頁）云：**「人謂之罵天筆者。主秀才不第。劉白頭云。文筆開叉又帶歪。十遭赴舉九空回。」**

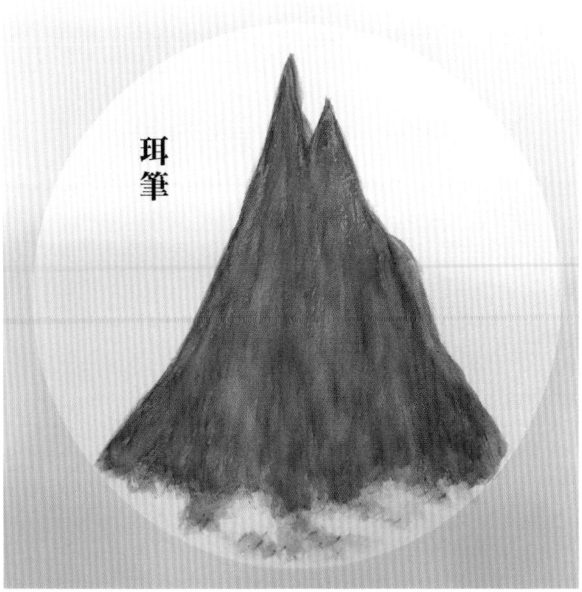


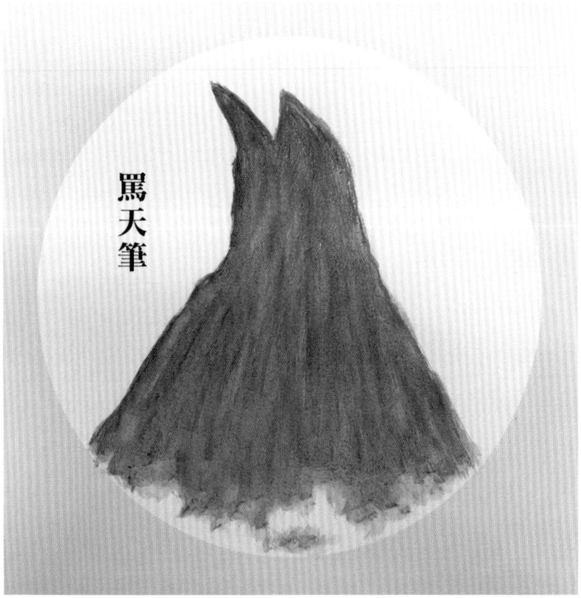

（七）法師筆——穴之朝山是一個高聳的大尖峰，頂上分支三個或以上的小尖峰，主畫符書咒，役使鬼神，如道家之張天師。

**《地理啖蔗錄》**清、袁守定著，（武陵出版社內第177頁）云：**「法師筆見。則役鬼驅神。」**

原文註解曰：**「法師筆者。大峰之上。連開數歧。較罵大筆叉歧尤多。主法師顯應。驅役鬼神。」**

**《地理人子須知》《砂法－卷五下》**（乾坤出版社出版－第313頁）云：

**「法師筆者。尖峰之上。連開數歧。亦如罵天。主因法而得官。」**

（八）和尚筆——穴之朝山是一個高聳的大尖峰，尖峰側邊，另一邊的山形有駝背之狀，峰左右邊直邊弧，像邊窄邊濶的毛筆筆尖。

**《地理啖蔗錄》**清、袁守定著，（武陵出版社內第177頁）云：**「和尚筆生。則恭禪學佛。」**

原文註解曰：**「和尚筆者。尖峰之旁。有駝背之形。上格龍。主出高僧。」**

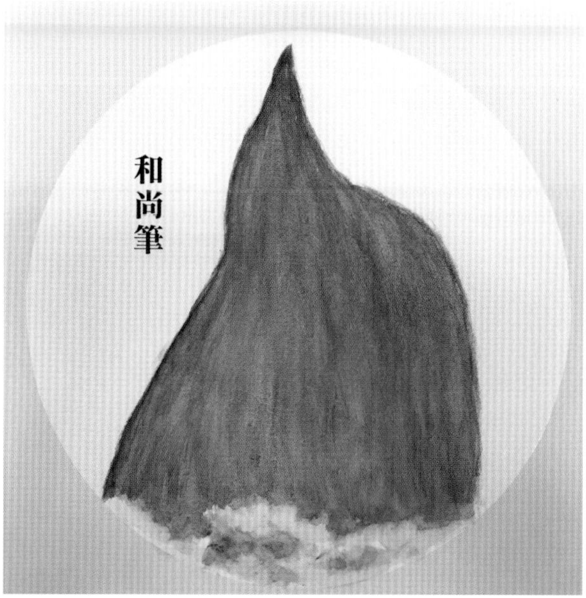

（九）三公筆 —— 與狀元筆差不多，穴前是平土朝山，山後正中間出現三個火形山，為文筆峰，中間一峰略高為尊，兩旁之火形山在左右對稱地相伴，與平土那層山相等潤度，主應三公職位，輔助皇帝執政。

**《地理人子須知》《砂法 — 卷五下》**（乾坤出版社出版 — 第312頁）云：

**「三公筆者。三峰卓立於土星之上也。要秀麗清奇。中尊旁卑。不失其序。疎密相等。不欹不斜。方為合格。」**

（十）彩鳳筆 —— 穴前朝山是一片高聳的大嶂，橫放在穴前遠處，正朝橫長山脈或有少許出現不規則的波浪形，中間有一尖峰突起，插在橫長山脈之中間，為穴上「特朝」之山，若配合真龍結穴，可以蔭生儒學宗師、神童狀元、出名畫家而名揚天下。

**《地理人子須知》《砂法 — 卷五下》**（乾坤出版社出版 — 第312頁）云：

**「彩鳳筆者。火星插天。而下有從山飛揚之勢。如彩鳳騰霄者也。要端正禿麗。遠在天表。方為合格。」**

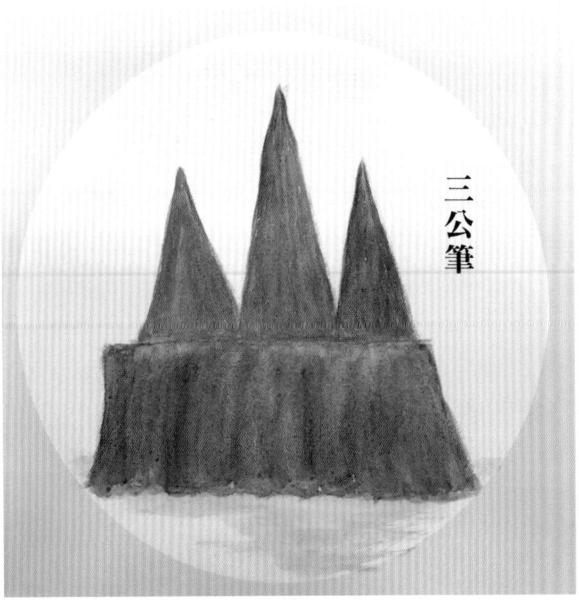


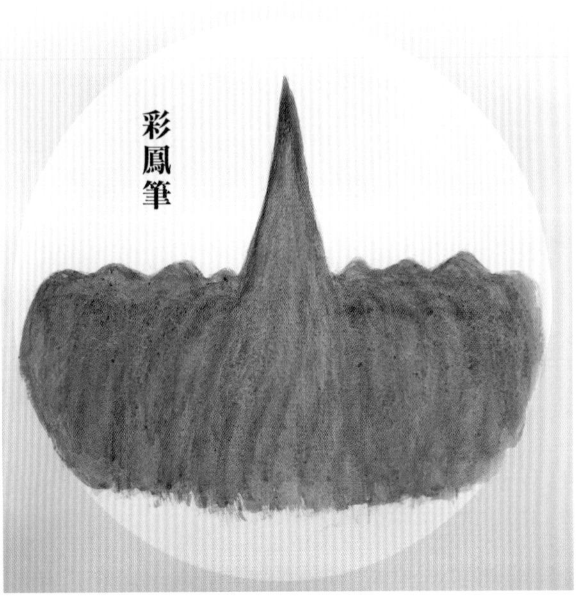


繼大師註：西周以「太師、太傅、太保」為三公，東漢以「太尉、司徒、司空」為三公，北魏將「太師、太傅和太保」並稱為「三師上公」。西漢以「丞相、太尉、御史大夫」為三公，後「丞相」改為「大司徒」，「太尉」改為「大司馬」，「御史大夫」改為「大司空」。東漢時以「太尉、司徒、司空」為「三公」，亦稱「三司」。宋徽宗將「太尉、司徒、司空」三公改為「太師、太傅、太保」為三公，元、明、清都使用。

（十一）筆陣 —— 在穴前平地明堂盡處，出現很多尖峰橫列的朝山，如「筆陣」一般，插在大地之上，雖然高度不一，但中間一朝峰特高，左右兩旁數個尖峰相伴，主出文學家、高官科第或為畫家等，或「兄弟同登科」，如有七個尖峰，則七兄弟盡有官貴功名，如此類推，結穴有「九子登科」。

《地理人子須知》〈砂法 — 卷五下〉（乾坤出版社出版 — 第313頁）云：

**「筆陣者。數峰特立。有似於筆陣。雖高卑不同。宜中峰高。左右峰卑方好。若顛倒錯亂。則吉中有咎耳。」**

（十二）鬥訟筆 —— 穴前明堂左右兩邊出現尖峰相對，互相鬥射，主兄弟不和，爭訟不斷，為龍虎相鬥。

《地理人子須知》〈砂法 — 卷五下〉（乾坤出版社出版 — 第313頁）云：

**「鬥訟筆者。穴前兩尖相對。如鬥射也。凡穴前遇此。多主爭訟之應。兄弟不和。專好唆告詞訟。」**

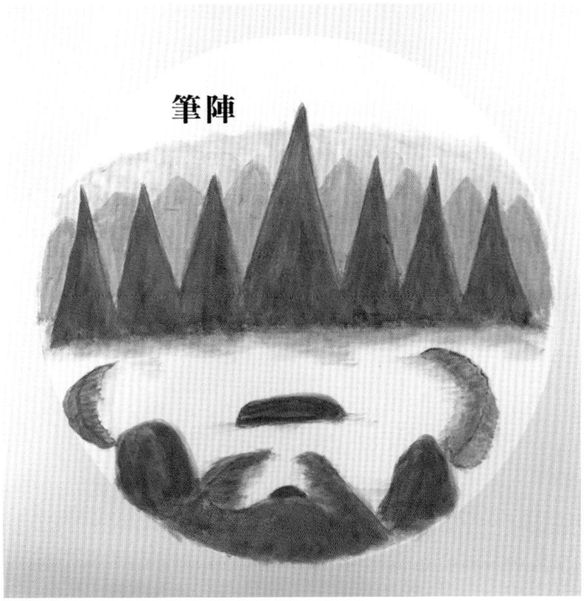

（十三）進田筆——穴前若是右倒左水，右方（白虎方）遠處高山，為上手來水方，左方為「下關」也，若有文筆峰在下關左方出現，為進田筆，主應為官富厚，因文章而得財，因收逆水故。若是倒地文筆，（有水池如文筆，即是眠式文筆。）高空看去為平面之文筆，筆尖朝來水方，但以不尖射穴場為吉。

**《地理人子須知》〈砂法—卷五下〉**（乾坤出版社出版—第313頁）云：

**「此砂專看山腳。若田須逆上。亦是進田之筆。不但龍虎之山而已。愈多愈妙。**

**進田筆者。凡龍虎之山帶低小之砂。逆水而上者是。吳公云：進田之砂無左右。只要墳前有逆水、蘸水**（朝水）**。不教乾買盡外州田。然亦欲其彎抱。如牛角有情面。穴方為吉。**

**亦有不在本身龍虎。而外來逆水。穴上見之有情。不尖射者。皆是進田筆。主發外來橫財田產。龍穴貴則催貴。大抵此砂極易發。若穴近蘸水**（朝水）**。寅葬則卯發。予嘗謂。逆砂．尺可致富。亦指穴者吉耳。」**

（十四）退田筆——退田筆與進田筆剛好相反，穴前若是右倒左水，右方（白虎方）遠處高山，為上手來水方，左方為「下關」也，若有文筆峰在上手方（右方）出現，為退田筆。

其原理就是無論是立體或倒地眠體的文筆（水池像文筆），其尖峰向去水之方，就是送水文筆（送水砂），主應因文章而破財。送水文筆在左邊（青龍方）主長房先退敗，送水文筆在右邊（白虎方）主三房先退敗，送水倒地文筆在中間，（有水池如文筆，即是眠式文筆。）主二房先退敗。退田筆主清貧，家財盡退。

**《地理人子須知》〈砂法 — 卷五下〉**（乾坤出版社出版 — 第314頁）云：

**「退田筆者。不論左右。但有山頭尖。而順水去者。名「退田筆」。若兩水夾送流下去者。退敗尤甚。**

**不問過穴與不曾過穴。但穴前見者。便是退筆。凡有一田邱。一地角。隨水下去者。便主退賣田產。**

**退筆者。多主倒盡田產。貧苦伶仃。離鄉背井。極為凶惡。立向先須避此。亦主少亡。生子不育。久而絕滅。**

**尖射穴場者。主殺傷人命。鬥毆爭訟。破家亡身。舊說青龍為進田筆。白虎為退田筆者。非也。」**

透天文筆

文筆

雙重文筆

文筆峰

(十五)蘸池筆——倒地文筆(眠式)，(蘸 — 音湛，以物沾水是也。)筆尖在水池邊上，穴前有水池，向度大旺，如左倒右水，則右方有矮平像文筆之脈橫放，筆尖在水池邊上，尖向左方，水池在穴前中間，筆尖總要朝來水方，此謂之收得逆水。

若右倒在水，左筆方有筆橫放，尖在水池邊上，尖向右方，亦是收逆水，若收得逆水，主文章科第、發富。

**《地理人子須知》〈砂法 — 卷五下〉**

(乾坤出版社出版 — 第313頁)云：

**「蘸池筆者。文筆倒地。蘸水入中也。若順水多離鄉出貴。若逆水主巨富。時進田產及橫財。」**

蘸池筆

倒地木星為「一字橫案」，像文筆一樣，筆者繼大師解釋如下：

（十六）蛾眉文星 —— 穴前橫長案山像蛾眉月一樣，朝拱穴場，蛾眉砂主女貴，或出妃后、官貴夫人，或女性文人等。

**《地理人子須知》《砂法 — 卷五下》**（乾坤出版社出版 — 第308頁）云：

**「蛾眉文星者。狀如半月。光媚纖巧也。要兩角均勻。端正清秀。忌臃腫、破碎、邊高、邊低、欹斜、不正等類。」**

繼大師註：要視乎龍之等級，上格龍：主文章名譽、狀元、神童、妃姤、女貴、貌美而貴不等。

（十七）福壽文星 —— 三圓金形橫長山丘作案山，中間山丘略高出，兩旁略低圓並且均勻對稱，主能文而富貴，能當高官之位。

**《地理人子須知》《砂法 — 卷五下》**（乾坤出版社出版 — 第308頁）云：

**「福壽文星者。中稍起頂。頗類三台。故尤為吉。要兩畔均勻。端正秀麗。忌臃腫、破碎。」**

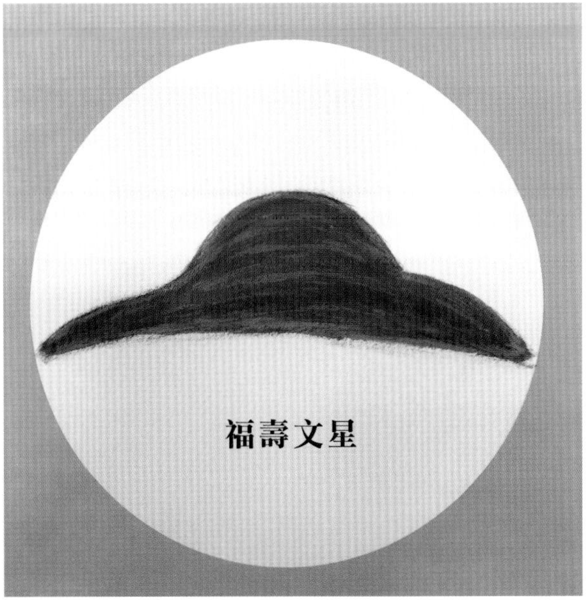


繼大師註：要視乎龍之等級，上格龍：主富貴、官居極品、位居長久、福壽綿延、顯貴、壽高、有聲名不等。

（十八）清貴文星——比蛾眉砂為高大，屬於清貴的文星，主文章聲名遠播，出文人之官職。

**《地理人子須知》〈砂法—卷五下〉**（乾坤出版社出版—第308頁）云：**「清貴文星者。清瘦之山。嫩巧而細也。要兩畔均勻。忌帶石粗醜。邊高邊下、斜側。比蛾眉格稍高大為異耳。」**

繼大師註：要視乎龍之等級而定，上格龍：主翰苑清貴。名望遠播。

（十九）駁雜文星——亦是橫長山丘，兩傍亦斷亦復，有低坪，不是純正的一字文星。主博學而出眾，名滿天下，但無意功名。

**《地理人子須知》〈砂法—卷五下〉**（乾坤出版社出版—第308頁）云：**「駁雜文星者。兩傍斷而復。有低坪。不高不為。品字三台。中頂不起。不為寶蓋。此所以為文星而駁雜者也。亦曰飛蛾文星。」**

繼大師註：要視平龍之等級而定，上格龍：主出眾博學。名滿天下。無意功名。

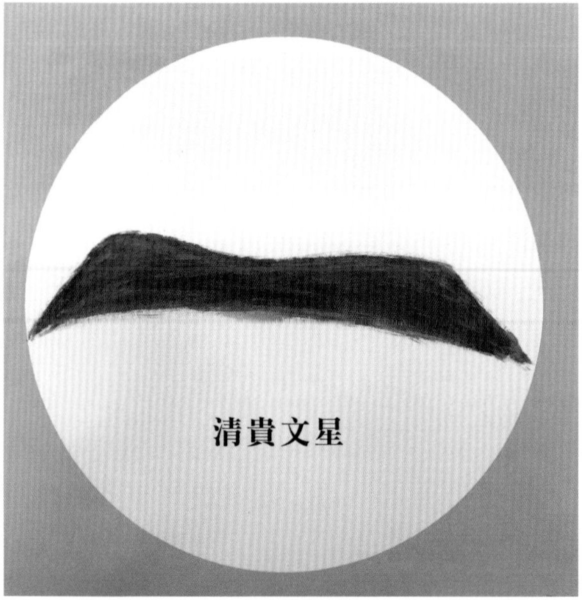


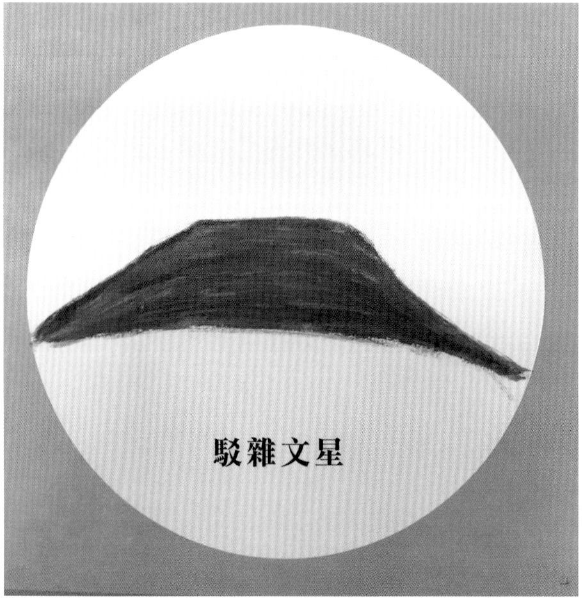

（廿）帶福文星——高大的一字文星，中間略高而帶土形，平正而來龍高厚，主文武全才，祿位高而文章有聲譽。

**《地理人子須知》《砂法－卷五下》**（乾坤出版社出版－第308頁）云：

**「帶福文星者。即一字文星而高大。帶土體。平正嫵媚也。要龍厚而不臃腫。不粗醜。忌帶石、峻嶒、破碎。」**

繼大師註：要視乎龍之等級而定，上格龍：主文武全才。極品祿位。帶名、巨富、壽考。出人伶俐、長壽。

（廿一）帶曜文星——橫長木形星作案山，兩傍角生火曜，略帶尖或有石塊，為帶曜文星，主文章有聲譽，名垂當世，為後學之宗師。

**《地理人子須知》《砂法－卷五下》**（乾坤出版社出版－第308頁）云：

**「帶曜文星者。乃木星兩傍生火曜也。亦頗似蛾眉文星。但圓平不同耳。蛾眉圓。此格平正。復於側畔出曜。故曰帶曜文星。要清秀。忌粗惡。」**

繼大師註：要視乎龍之等級而定，上格龍：主文章顯達。名垂當世。後學宗師。

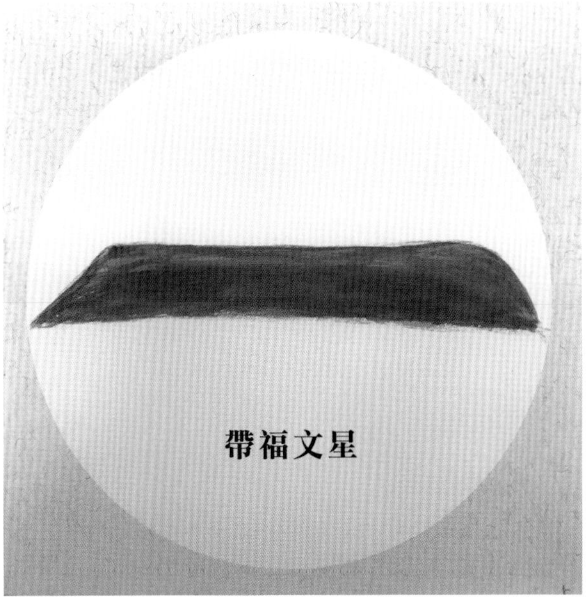


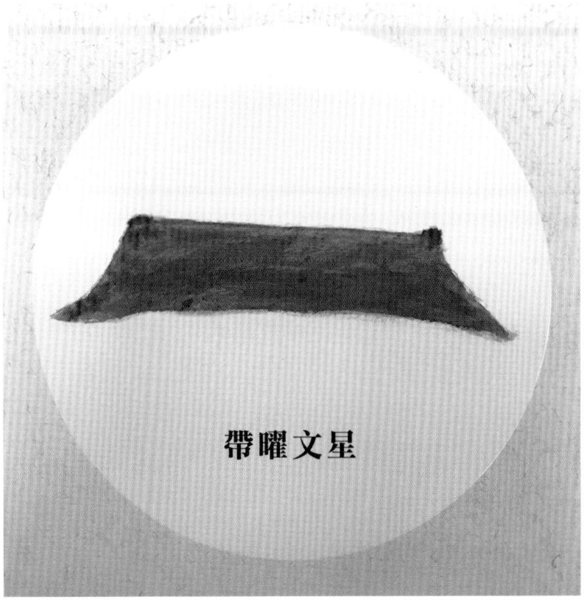

（廿二）一字文星 —— 穴前橫長案山一字形，為「倒地木」主二房出文人雅士，看龍之大小，可以出神童狀元，宰相一品官員、高官、官史、文人雅士不等。

**《地理人子須知》〈砂法 — 卷五下〉**（乾坤出版社出版 — 第309頁）云：

**「一字文星者。乃倒地木星也。要清秀平正端尊。忌粗醜、斜走、破碎、不平正、帶石、尖竄、順水。」**

繼大師註：要視乎龍之等級而定，上格龍：主神童、狀元、宰相、候伯。一品之貴。又主魁解清貴。名譽著揚。

（廿三）金箱文星 —— 穴前橫長案山一字形，但山丘略高，不木不土，似文筆之處，亦像金箱，主科名高顯，爵祿豐厚。

**《地理人子須知》〈砂法 — 卷五下〉**（乾坤出版社出版 — 第309頁）云：

**「金箱文星。土之低平者。要方正平圓。不欹不斜。方為合格。此砂要再見貴人、玉印、文筆相助。方為大貴。」**

繼大師註：要視乎龍之等級而定，上格龍：主科名高顯。

一字文星

金箱文星

（廿四）柱笏文星——平頂、聳身之端正木形平頂山峰，為穴之特朝山峰，像「笏」一樣，「笏」音忽，古代君臣朝會時，手中所拿的狹長板子，上面可以記事。若是貴龍，則可蔭生狀元、尚書、侍從台閣之官員。

**《地理人子須知》《砂法—卷五下》**（乾坤出版社出版—第309頁）云：

**「柱笏文星者。木星卓立。不欹不斜。而清秀端正也。亦名象簡。文星要光彩嫵媚。忌臃腫、粗醜、斜側、走竄。」**

繼大師註：要視乎龍之等級而定，上格龍：主狀元、尚書、侍從台閣之官。

（廿五）玉圭文星——與「柱笏文星」差不多，比較「柱笏文星」為闊，不土不木之形，亦是平頂、聳身之端正木形平頂山峰，為穴之特朝山峰。亦可蔭生狀元、尚書、侍從台閣之官，福亦厚。

**《地理人子須知》《砂法—卷五下》**（乾坤出版社出版—第309頁）云：**「玉圭文星者。土之聳高。體正頂平。身直。不欹不斜。挺然清秀。方為合格。莆田壺公山合此格。朱子之同。安見此山。曰：莆田多人才。此壺公山作怪。」**

繼大師註：要視乎龍之等級而定，上格龍：主出垂紳正笏立朝。燮理陰陽。

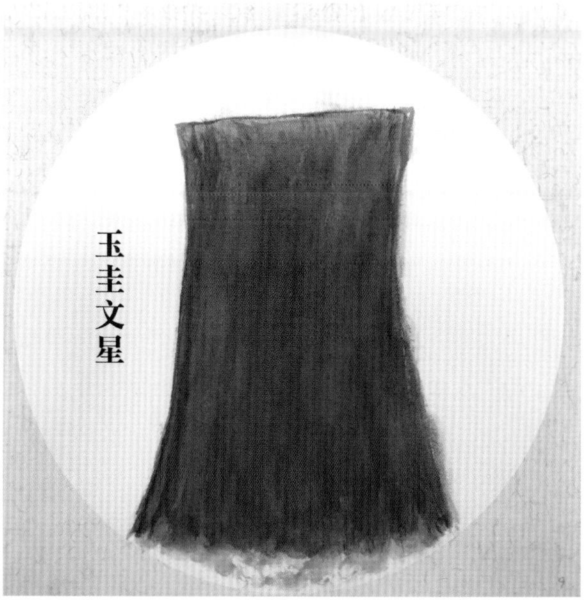

（廿六）折腳文星 —— 穴前出現像蛾眉文星的橫長案山，但圓頂在頂側，一方斜落至腳下，帶尖火形，屬於不規則的大陰金形丘，忌粗頑、醜陋、巉巖，主出文官兼武職之人。

**《地理人子須知》〈砂法 — 卷五下〉**（乾坤出版社出版 — 第309頁）云：

**「折腳文星。乃一腳拋火也。此星若面平嫩媚。亦作吉星。主文官兼武。若粗醜則不吉。要火腳逆水方合。」**

繼大師註：要視乎龍之等級而定，上格龍：主文官兼武職。

「筆架峰」為穴之朝山或案山，亦可蔭生文人雅士，甚至神童狀元等。穴前朝向一座山，頂上有三個或五個小火形山峰相連，稱為「筆架山或筆架峰」，筆架峰則有：

三峰筆架 —— 三個峰之筆架山（正常典型的筆架）。

五峰筆架 —— 五個峰之筆架山。

**《地理人子須知》〈砂法 — 卷五下〉**（乾坤出版社出版 — 第314頁）云：

**「筆架者。或三峰。或五峰。有似於筆架之狀。雖高低不同。亦宜中高。旁低。若當高反低。當低反高。則吉中有咎也。」**

兩峰筆架 —— 兩個峰之筆架山，稱為「丹鳳」，若筆架之外再出現有山峰，可以為貴人、印山、太陽（圓形為太陽）等山，結穴有「丹鳳朝陽穴」。

通常筆架有三個或五個山峰，單數山峰屬於陽性，主應男性文人雅士，這是正常的現象，兩峰筆架較為少出現，屬於陰性，主應女性文人為主，當然也有例外，筆者繼大師曾在香港沙頭角村公所處，見其面前的朝山，就是丹鳳筆架。若是丹鳳筆架遠處正中間後方出現高大的文筆峰，此為最貴，為「丹鳳筆架中之文筆」，比起狀元筆還要清貴，是超級狀元筆。

四峰筆架較為少見，若是穴的朝案山峰，穴位應該朝向中間的凹位，配合向度，主催人丁，但亦可蔭生女性文人，或出男性文人小說家，寫作柔和抒情等。

五峰筆架

丹鳳筆架中之文筆

有些筆架山峰中間主峰特高，甚至中間的特高主峰開叉，即是中間主峰再生出雙小尖峰，在這種情況下，通常是以五峰筆架山出現這種情況為多，若為真龍結穴的朝山，主文章及畫畫兩樣皆能。

大凡真龍結穴，朝山為文筆峰或是筆架山，向度又生旺當元，主出神童狀元，或是理學大儒，或出名畫家、文學家、小說家、佛道學家、大和尚、大法師等，甚至出科學家，且具有相當多的著作，所謂行行出狀元，在其所專長的學術上，都會有一定的成就。

無獨有偶，筆者繼大師在汕頭勘察韓文公祠，發覺祠堂正是建在筆架山中間山峰之下方脈上，大文豪韓愈祠堂建在筆架山下，真的是大相應了。

如果配合方位而論，在筆者繼大師過去的經驗而言，若是文筆峰或筆架山出現空亡，則會有「記者筆、抄寫筆、臨摹畫筆（即複製畫品）。」

(丹青) 五峰筆架

三層筆架

汕頭韓文公祠

這些沒有創意的抄寫筆，古代明師均沒有說及。所以山巒配合方位、方向，就會產生不同的效應，同時要看看真龍結穴的等級，包括龍穴的護纏砂脈的多寡，來龍有多長，幹龍、支龍、幹中支，或是支中幹等，加上龍的元運，在各方面的因素配合下，始能準確預測未來所生的人物，風水之學，非常深奧，盡是天機，豈一般人能輕易聽得明白，能夠學得精深，並非容易之事，這一切都講求緣份了。

《本篇完》

## （十五）砂之八煞

繼大師

在陰宅祖墳之中，最忌有凶砂凶水來沖射穴墳。明、徐善繼及徐善述兄弟合著**《地理人子須知》〈卷五下之二〉〈砂法總論〉**乾坤出版社第 302 - 303 頁，記載有八煞之砂，筆者繼大師將原文錄之如下：

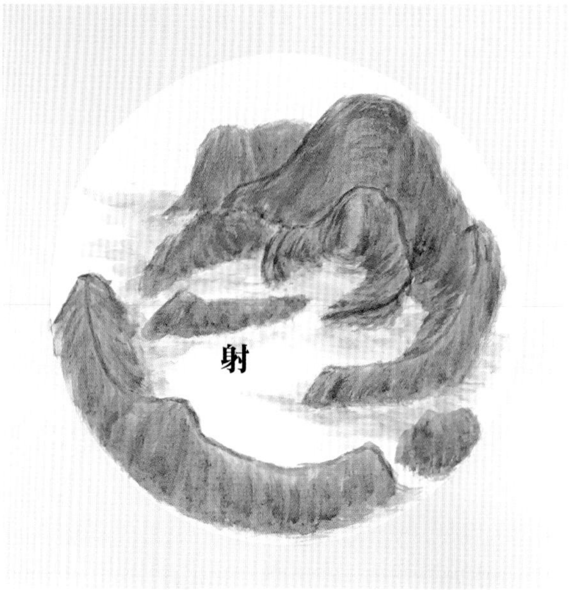


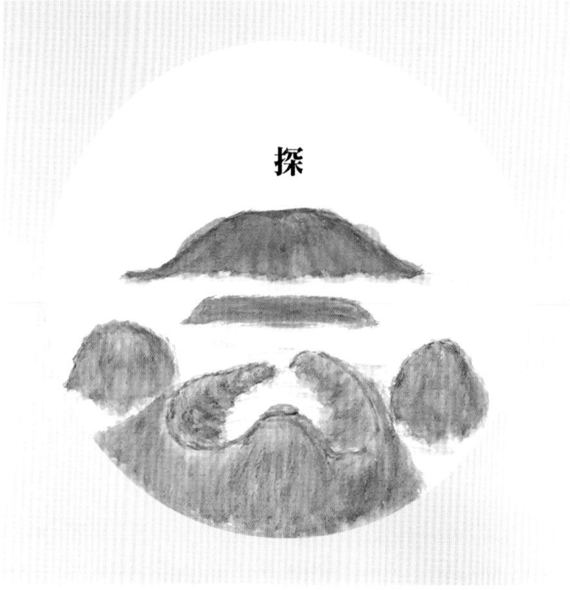


（一）射 —— 射是以尖來向穴。徒配何須說。

繼大師註：有直水或直而尖的山脈正對著穴場，無論去或來，均對穴構成凶險。

（二）探 —— 探是斜山少探頭。作賊不知休。

繼大師註：「探」全名稱「探頭砂」，在穴場上看見羅城四週環繞的群山，山外有見有遠山略斜而露出少許山頂，主出盜賊。

唐、卜應天著**《雪心賦》**云：**「探頭側面。代有穿窬。」**「穿窬」即盜賊。

孟浩註解曰：「山外有山微露頂者。謂之探頭。側露者。謂之側面。」「穿窬」者即「穿牆窬穴」之盜。

（三）破 —— 破是浪痕直透頂。淫亂恣遊蕩。

繼大師註：穴正後靠有像波浪的相連山峰，此為水形山，中間有水痕正正沖向穴的墳頂，通常會是大石塊的山，多是陡斜的懸崖峭壁，或只有出現兩峰相連，中有凹痕沖穴，此為之「破頂」，除主淫亂外，亦主頭部健康有問題。

（四）沖 —— 沖是橫來插穴前。非禍自連綿。

繼大師註：穴前側旁有脈或水流直插入穴方，主凶險意外。

（五）壓 —— 壓是穴前破崛起。奴僕常反主。

繼大師註：穴前有高山來壓，或被高大樹群所遮擋，若左右有高脈守護，此為

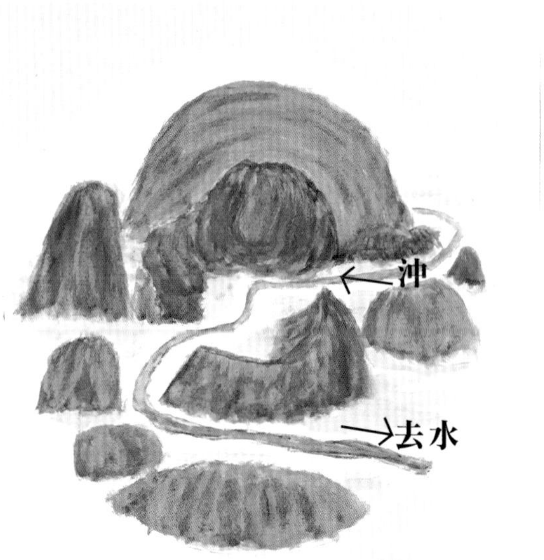


之「囚」，主後人窮困，心胸狹窄，沒有發展的空間，若左右護脈高於後靠山，應「奴僕常欺主」。

（六）反 —— 反是曲身去向朝。離鄉永飄飄。

繼大師註：穴前有山脈或水流，反弓而背穴，主後代二房不孝忤逆。若穴前龍虎

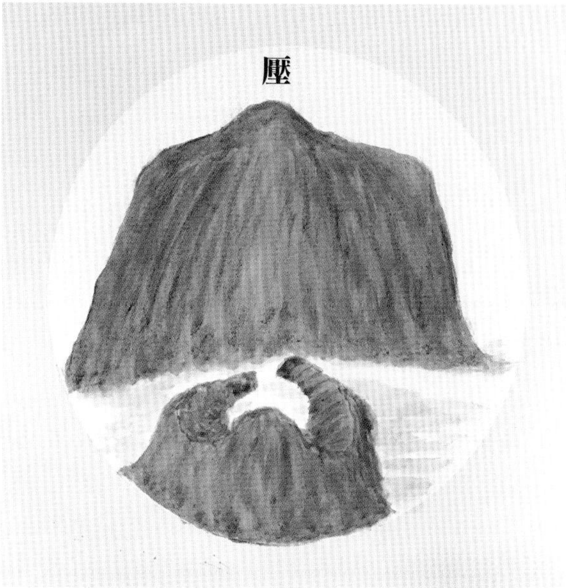


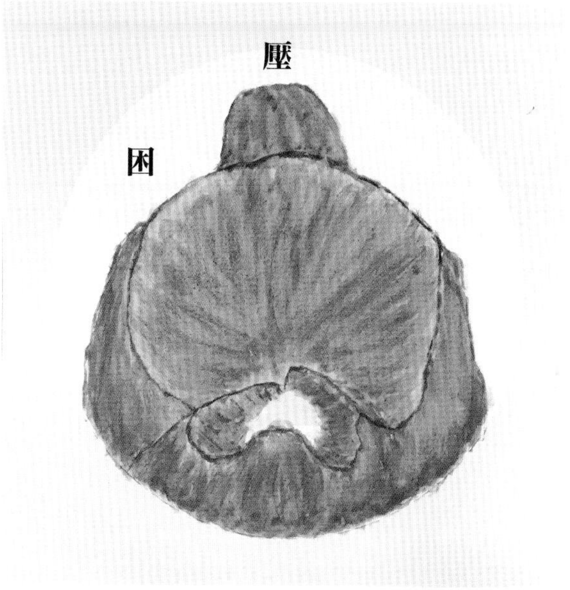


砂之外是一大片平地、湖泊或海洋等，遠處始有羅城朝山，這主離鄉發跡。

（七）斷 —— 斷是腦下自横浪。斬首無人葬。

繼大師註：郭璞著《葬書》云：「斷山不可葬。」若穴之來龍被人為或天然所破壞，脈斷則地氣被截斷，穴後星丘有横

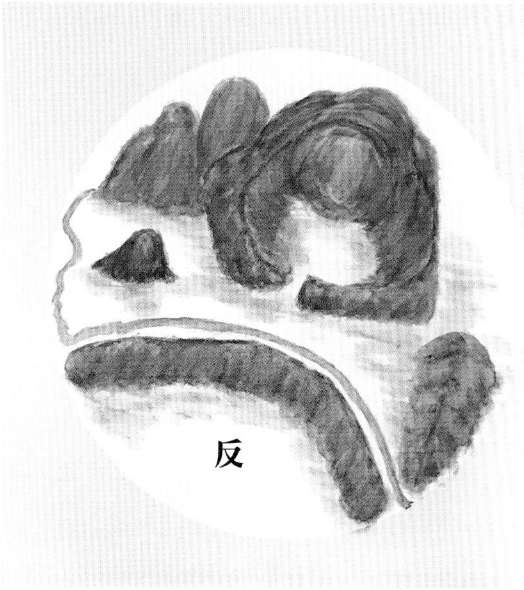


長水痕，斷了龍脈，不可下葬，否則後代會横死。

（八）走 —— 走是斜身順水飛。遊蕩不思歸。

繼大師註：穴前有山脈或水流，直直斜飛離穴而去，主人財兩敗，此謂之「砂飛」。

以上的**「射、探、沖、破、壓、反、斷、走。」**等山水的凶殺，均要避開，能化解的則可用人工造作法，解決凶殺問題。故此段最後曰：

**「若是真龍去殺合。禍福終須雜。避凶趨吉最為奇。穴上討便宜。」**

在穴場上要觀察入微，繼大師認為若有凶殺，可解則解，不能解決的，只好放棄，這必須得明師傳心傳眼，加上時間磨練，始可得着，不能一蹴而得。

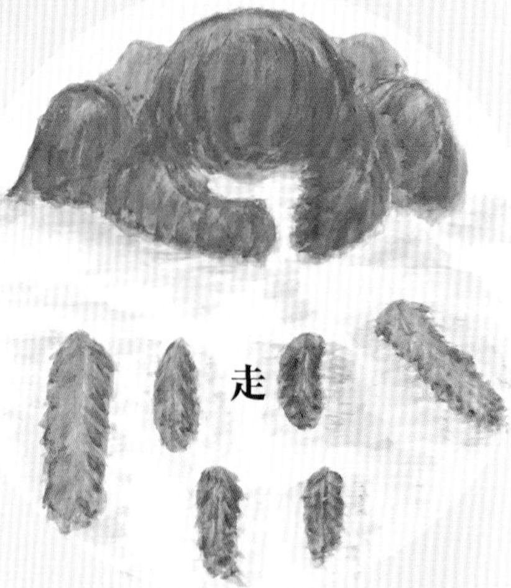


《本篇完》

## 《砂法精義二》後記

繼大師

在《地理人子須知》一書內，述說出非常多的風水知識，其中《卷五下》《砂法》部份（乾坤出版社第303-328頁），及張九儀增釋《地理琢玉斧》（內第100-120頁），另外《地理大全要訣》〈卷三－砂法－八至十二頁〉（華成書局發行）及《地理天機會元》〈下集〉（陳湘記書局出版，內第693-719頁、第813-831頁）有很多山峰之圖，內容大致相若，可惜單看平面圖較難理解。

中國明代風水學家「暮講師」纂有《奇驗經》，（翔大圖書公司印行，《吳景鸞暮講僧斷驗集、先天後天理氣心印合編》第173-294頁）全部述說風水中各種砂物的不同尅應，內容非常詳盡，篇幅很多，筆者細看之下，發覺描述砂物之剋應非常精闢獨到，是名家手筆，可惜沒有圖片。

據筆者經驗，單純以山峰形勢去斷風水的吉凶應驗，是有限度的，雖然大概的吉凶可以預測，但必須配合廿四山及卦理去斷驗，用「巒頭、理氣」配合來看，方為細緻及準確。

筆者繼大師計劃將以上所提到的砂法山峰之圖，用立體山水画的劃法，加上本人的經驗，重新繪劃演繹，將來會編輯成書，作為《砂法精義》的延續。

另外筆者有《千金賦》、《雪心賦》的註解，圖文並茂，內容除有砂法外，更有穴法在其中，註繹這些巒頭古書，雖然費時費力，但祈望未來能順利出版，能與各位讀者見面。

繼大師寫於香港明性洞天

二〇一八戊戌年仲夏吉日

# 風水巒頭系列 — 砂法精義(二)

出版社 ： 榮光園有限公司 Wing Kwong Yuen Limited
香港新界葵涌大連排道31-45號, 金基工業大廈12字樓D室
Flat D, 12/F, Gold King Industrial Building,
35-41 Tai Lin Pai Road, Kwai Chung, N.T., Hong Kong
電話 ：（852）6850 1109
電郵 ：wingkwongyuen@gmail.com

發行：香港聯合書刊物流有限公司 SUP Publishing Logistics (HK) Limited
地址：香港新界大埔汀麗路36號中華商務印刷大廈3字樓
3/F, C&C Building, 36 Ting Lai Road, Tai Po, N.T., Hong Kong
電話：（852）2150 2100
電郵：info@suplogistics.com.hk
印刷：印象設計印刷有限公司
Idol Design & Printing Co. Ltd.
版次：2019年4月 第一次版

ISBN 978-988-79095-1-4

版權所有 不得翻印